문재인의 正體

趙甲濟 외

조갑제닷컴

문재인이 위험한 이유들

대통령 후보群 여론조사에서 1등을 달리는 더불어민주당 文在寅 전 대표는 대한민국의 정체성 및 國益과 맞지 않는 정책과 사상을 가진 인물이다. 그가 공개적으로 한 발언, 약속, 정책 비전을 종합하면 이렇다.

1. **북한의 핵미사일을 막기 위한 미군의 신속한 사드 배치 방침에 사실상 반대한다.** 公論化를 한 뒤 국민 여론을 봐가면서 배치 여부를 결정하겠다는 태도이지만 적어도 배치 단계에 들어간 지금의 국가 정책에는 반대 입장이다. 그가 대통령이 된 이후 사드 배치를 중단시킨다면 한미동맹 관계는 심각한 갈등을 겪게 되고 북한의 핵위협에 한국인이 무방비로 노출된 상태가 지속된다.

2. **북한인권 문제에 대한 유엔의 압박에 반대하는 입장이다.** 대통령으로서 이를 실천에 옮기면 한국은 세계의 公敵이 된 反인류범죄자를 비호하는 反문명국가로 찍힐 가능성이 있다.

3. **대통령이 되면 맨 처음 북한을 방문하겠다고 했다.** 김정은을 만나겠다는 뜻으로 해석된다. 한국 대통령은 취임 후 맨 처음 만나는 頂上을 미국 대통령으로 삼아왔다. 이 관례를 깨고 평양까지 찾아가서 反인류범죄자 김정은을 만난다면 한미관계의 훼손은 물론이고 한국의 國格이 떨어진다.

4. **개성공단 폐쇄 반대.** 대통령이 된 뒤 공단을 재개, 북한정권으로 달러를 공급하면 국제사회의 對北 제재에서 이탈, 북핵 폐기 노력을 방해하는 것이 된다. 북한과 거래하는 한국 기업이 제재를 받게 될 가능성도 있다.

5. **국가연합 혹은 낮은단계연방제 통일 추진.** 국가연합 통일안은 북한을 국가로 인정하므로 대한민국 헌법에 정면으로 위배되고 낮은 단계연방제안은 북한식 공산화통일 방안에 가깝다. 이를 추진하는 것은 내란행위를 구성한다. 강제로 추진한다면 국민저항권 행사를 정당화할 것이다. 조갑제닷컴은 최근 문재인 측에 2012년에 한 이 발언을 유지하느냐는 질문을 했지만 답이 없다. 그렇다면 反헌법적 통일방안을 포기하지 않았다고 해석할 수밖에 없다.

6. **국가보안법 폐지.** 한국의 보통사람들은 이 법 때문에 불편한 점이 없다. 불편한 것은 간첩과 공산주의자들이다. 이들에게 자유를 파괴하는 자유를 줄 필요는 없다.

7. **'북한식 사회주의 추구' 통합진보당 해산 반대.** 대통령이 된 뒤 통진당 세력의 활동을 자유화시킨다면 내란방조 행위가 된다. 이게 국보법 폐지와 연계되면 사실상 반역의 자유화를 의미한다.

8. '가짜 보수를 불태우자', '나라의 근본을 확 바꾸자', '헌재가 박 대통령 탄핵을 기각하면 혁명뿐이다' 운운. 대통령으로서 이런 다짐을 실천한다면 대한민국 수호세력을 숙청하고 나라의 근본, 즉 反共자유민주주의 체제를 부정하는 것이 된다. 일종의 國體변경이다.

9. **부정적 역사관.** 1948년에 건국된 대한민국의 민족사적 정통성을 인정하는지 불명확하다. 민중사관(계급사관)으로 써진 국사 교과서 개혁도 반대하였다.

10. **한일군사정보보호협정 체결 반대.** 북한 핵미사일에 대한 정보 공유를 막아 한국의 안보에 불이익을 초래하고, 韓美日 동맹을 어렵게 한다.

11. **불법 설치물인 부산의 일본총영사관 앞 소녀상을 철거한 동구청을 '친일'이라 성토하였다.** 이는 감정적 反日 선동으로서 법질서까지 어지럽혔다. 감정적 민족주의를 앞세워 국가를 부정한다는 비판을 면하기 어렵다.

위의 11개 항목을 종합하면 북한정권에는 이롭고 한국과 동맹국엔 불리하고 세계평화에는 위협이 된다. 이는 자유와 법치를 핵심가치로 하는 대한민국의 정체성과 國益(국민의 생명 재산 자유를 지키는 것)에 반한다. 문재인 씨가 대통령이 된 뒤 11개 항목을 실천한다면 아래와 같은 위험성이 예견된다.

1. 방어능력이 해체된 한국은 핵무장한 북한정권의 인질이 될 것이다. 북한정권은 문재인 정권을 통하여 애국세력의 反北 활동을 억압하려 들지도 모른다. 김정은을 비판하는 자유가 제약될 것이고 북한인권 운동, 북한해방 운동도 어려워질 것이다. 헌법에 규정된 자유통일의 당위성이

도전 받을 것이다.

2. 이승만, 박정희, 박근혜로 대표되는 대한민국 主流세력의 흔적을 지우려 할 것이다. 剖棺斬屍(부관참시)형 '친일마녀사냥'을 전개, 주로 대한민국 발전의 공로자들을 욕보이려 할지 모른다.

3. 대기업 적대시 정책으로 본사를 해외로 옮기는 회사가 늘어날 것이다. 富者와 전문직 등 돈과 두뇌가 해외로 빠져나갈지 모른다.

4. 親文 세력인 강성 노조 등 좌익 단체들의 발호로 법질서가 훼손될 것이다.

5. 문화, 예술, 교육계의 주도권을 잡은 좌파세력이 國費(국비) 지원하에서 反국가적, 反체제적, 反인륜적인 활동을 공공연하게 벌이게 될 것이다. 공무원들은 이들에게 우선적으로 국가예산을 배정할 것이다.

6. 親文 좌파 세력이 이미 주도권을 잡은 사회, 문화, 노동, 교육부문에 정치권력까지 보탠다면 전체주의적 분위기가 확산되어 대한민국의 핵심 가치인 진실, 자유, 정의는 지켜지기 어렵다.

이는 헌법 수호세력의 저항을 부를 것이다. 大勢(대한민국 세력)와 反大勢(反대한민국 세력)의 충돌이 사회불안으로 악화될 것이다. 한미일 동맹관계가 흔들리고 내부 질서가 무너지면 안보 및 治安(치안)불안으로 경제가 나빠질 것이다. 계급투쟁론으로 무장한 反大勢가 이런 혼란을 이용하고 북한정권을 끌어들이려 한다면 大勢는 국민저항권 행사를 선언하고 국군에 대하여 헌법 제5조에 의한 국가안보의 신성한 의무를 다할 것을 촉구할 것이다. 최악의 경우 한국은 좌익혁명의 길이냐, 국군출동이냐의 岐路(기로)에 설 것이다. 문재인의 대통령 당선은 내전적 구도를 품고 있는 판도라 상자를 열 것이다. 1936년 스페인 총선이 좌익연합전선의 집권을 가져와 內戰의 판도라 상자를 열었던 것과 흡사한 상황이다.

한국은 미래가 결정되지 않은 나라이다. 문재인 씨가 대통령이 되면 국가정체성의 變造(변조)와 국가 진로의 變針(변침)이 동시에 일어날 가능성이 높다. 이게 문재인의 위험성이다.

2017년 4월

趙甲濟

차 / 례

1

문재인은 공산주의자인가?

문재인은 공산주의자인가?

趙甲濟·조갑제닷컴 대표

유력한 대통령 후보감의 사상을 놓고 희대의 재판이 벌어지고 있다. 1심 판사는 '허위사실'이라고 판단했지만 梁東安(양동안) 교수는 '11개 기준의 분석법'을 적용, '공산주의 신봉자'라고 단정하였다. '문재인-고영주' 訟事(송사)는 이번 大選에도 영향을 끼칠 판도라의 상자가 될지 모른다.

18대 대통령 선거 직후인 2013년 1월4일의 애국시민단체 모임에서 공안 검사 출신인 高永宙(고영주) 변호사는 부림사건 수사 경험을 이야기하면서, "이 사건은 민주화운동이 아니고 공산주의 운동이었다. 노무현 정권 때 청와대 부산인맥은 부림사건 관련자였다. 문재인 후보도 공산주의자이고, 그가 대통령이 되면 우리나라가 적화되는 건 시간 문제라고 생각하였다"는 요지의 발언을 했다. 2015년 8월, 高 변호사가 MBC의 대주주인 방송문화진흥회 이사장으로 임명되자 이 발언이 뒤늦게 문제가 되어 문 씨가 명예훼손 혐의로 高 씨를 提訴(제소)했다.

2016년 9월28일 서울중앙지방법원 김진환 판사는 원고(문재인)가 공산주의자라는 "피고의 발언을 뒷받침할 만한 사실 또는 사정을 인정할 만한 정황은 도무지 찾기 어렵다"면서 3000만 원을 배상하라는 판결을 내렸다. 김 판사는 부림사건 피고인들이 재심에서 반공법 위반 및 국가보안법 위반 혐의에 대하여 무죄 확정 판결을 받은 점을 지적했다. 무죄 판결 사유는 '장기간 구금 등에 의한 임의성 없는 자백'이 증거능력이 없다는 점이었다. 이들의 신념이 공산주의였느냐 아니냐를 판단한 것은 아니었다.

판결문은 또 문재인 씨가 부림사건 변호인이 아니었는데 피고는 그가 변호인으로 선임되었다는 전제하에 공산주의자로 단정하였다고 지적했다. 이어서 '노무현 정권 때 청와대 부산인맥으로 공산주의 활동을 한 공산주의자'라는 취지의 발언은 '허위사실 적시'이고 '이를 진실이거나 진실이라고 믿을 만한 상당한 이유가 있다고 보기 어려우므로 위법성이 조각되지 않는다'고 판시했다.

사실 여부 판단 소홀히 한 '황당한 재판'

고영주 이사장은 즉각 반발하였다. 판사가 '우리법연구회' 출신으로서 공정한 재판을 할 수 없는 입장이었고 재판의 핵심인 '문재인이 과연 공산주의자인가'라는 점에 대한 검토 없이 '본인신문 신청, 증인신문 신청 등 피고 측 변론 요청을 하나도 받아들이지 않고 막무가내로 내린 황당한 재판'이란 것이다.

고 이사장은 〈재판진행과 관련하여〉라는 글에서, 자신의 발언이 사실인지 여부를 제대로 캐지 않고서 '허위 사실'이라고 단정을 한 뒤 '위법성 조각 여부'를 따진 것은 법리 모순이라고 비판했다. 공공의 이익을 위한 위법성 조각 사유는 '사실 적시'일 때만 해당하는 것을 몰랐다는 주장이다.

高 이사장은 또 ⟨(자신이) 문재인이 부림사건 변호인이라고 판단한 것은 친노세력들이 그렇게 주장하였을 뿐 아니라 문재인이 그것을 부인한 적이 없고, 설혹 문재인이 최초의 부림사건 1심 변호인이 아니라 2심 또는 재심의 변호인이었다고 하더라도 부림사건의 실체를 아는 데는 아무런 지장이 없었을 것이다⟩고 했다. 그는 판사가 사실 관계의 판단을 소홀히 한 점을 주로 비판했다.

⟨피고가 제출한 수많은 증거자료에 대해서는 그것들이 왜 상당한 이유가 될 수 없는지 전혀 판단하지 않고, 그냥 막무가내로 피고가 그런 말을 했으니 명예훼손의 불법행위가 된다고 단정한 것이다.⟩

고 이사장은 문재인 씨를 공산주의자로 보는 이유를 요약했다. '피고의 수사 경험상 공산주의 운동으로 확신하는 부림사건 관련자들과 (문 씨가) 평생 동지가 되었는데 이념이 다른 사람들이 일시 의기투합할 수는 있으나 평생 동지가 될 수는 없다는 점' 등이다.

北核(북핵) 위기에 직면한 나라에서, 2017년 12월의 대통령 선거에 출마, 당선될 가능성이 있는 중진 정치인이 '공산주의자냐 아니냐'의 논란에 휩싸이고 법정까지 갔다는 것은 흥미 차원의 문제가 아니다. 軍통수권자가 될지도 모르는 사람의 이념적 正體性(정체성)이 대한민국 헌법에 맞느냐 않느냐라는 게 쟁점이기 때문이다.

분별 기준 11개 항목

공산주의 전략전술연구의 1인자인 양동안(한국학중앙연구원 명예교수) 씨는 재판부에 낸 의견서에서, 공산당이 불법화한 나라에서 관찰되는 공산주의자의 言動上(언동상) 특징 11가지를 문재인 씨에 적용한 결과, 〈문 씨의 반공사상을 객관적으로 입증할 강력한 증거들이 제시되지 않는 한, 문재인 씨는 자각하고 있는지의 여부와 상관없이 공산주의를 신봉하는 자임이 확실하다고 판단하지 않을 수 없다〉고 주장했다. 공산주의 활동이 불법화한 나라에선 '나는 공산주의자'라고 밝힐 수 없으므로 행동을 기준으로 판별해야 한다는 것이다. 양 교수가 만든 공산주의자 여부를 가리는 열한 가지 분석 기준은 이렇다.

1. 공산국가의 주장과 정책에 동조한다.

2. 공산주의자들을 존경한다.

3. 공산주의 체제에 대하여 호감·동경의 태도를 취한다.

4. 과거 공산주의자들의 활동을 찬양한다.

5. 공산주의 단체나 용공성향 단체들을 옹호한다.

6. 용공세력과 지속적으로 협조한다.

7. 공산국가가 하는 것은 나쁜 것도 좋은 것으로 찬양한다.

8. 반공에 대하여 부정적 태도를 취한다.

9. 공산주의자들이 주장하는 인식을 수용한다.

10. 自國(자국)의 안보와 정당성 강화에 이로운 조치는 반대하고 약화를 초래할 조치를 주장한다.

11. 민주주의자임을 자처하나 자유민주주의를 옹호하지 않는다.

양 교수는 '11개 중 3~4개만 일치해도 공산주의자로 의심 받아 마땅하며, 6~7개가 일치하면 공산주의자일 가능성이 높고, 8개 이상 일치하면 그 자신의 인정 與否(여부)와 관계없이 공산주의자가 틀림없다'는 것이다. 그는 문재인 씨의 언동을 이 기준에 따라 분석했다.

全 항목에 해당

1항 관련 : 북한이 대한민국을 공산화하기 위하여 주장하고 있는 국가보안법 폐지, 연방제 통일방안, 미북 평화협정 체결, 국정원 해체 등을 명시적으로 지지했고, 주한미군 철수와 한미동맹 해체에는 불분명하게 동조했다.

여기서 양 교수가 지적한 '미북 평화협정 체결'을 문 씨가 주장한 것이 맞다면, 이는 명백한 북한정권에 대한 동조인데 停戰(정전)협정을 평화협정으로 전환해야 한다는 주장은 검색되지만 '미북 평화협정 체결'을 명시적으로 주장한 자료는 발견할 수 없었다.

2항 관련 : 양 교수는 문재인 씨가 신영복 같은 공산주의자를 존경한다는 점을 지적했다. 문 씨는 신영복 씨의 빈소를 찾은 자리에서 "선생님의 '더불어' 정신, 공존과 連帶(연대)의 정신을 늘 간직하면서 실천하겠다"고 말했다는 것이다.

3항 관련 : 양 교수는 문재인 씨가 자서전에서 리영희로부터 가장 큰 영향을 받았다고 고백하고 월남전에서의 미국의 패배 및 월남의 공산화에 대하여는 희열을 느꼈다면서 중국의 문화대혁명에 대해서는 부정적 견해를 말하지 않은 점을 지적했다.

4항 관련 : 양 교수는 문재인 씨가, 日帝(일제)시대의 공산주의자이고,

북한정권에 참여하여 노동상을 지낸 김원봉에 대하여 '광복 70주년을 맞아 선생에게 마음속으로나마 최고급의 독립유공자 훈장을 달아 드리고 싶다'는 글을 올린 점을 예시했다.

5항 관련 : 문재인 씨가 청와대에서 근무할 때 利敵(이적)단체 한총련의 합법화를 지지하고 좌경성향이 강한 전교조에 대하여 항상 옹호적인 입장을 취하는 점을 지적했다.

6항 관련 : 문재인 씨가 '북한식 사회주의를 추구'하는 위헌정당으로 규정되어 헌법재판소가 해산시킨 통합진보당 및 그 前身(전신)인 민노당과 지속적으로 협조하고 해산 결정을 비판한 점을 예시했다.

7항 관련 : 문 씨는 북한의 인권탄압이나 중국의 인권탄압에 대해서는 침묵해 왔다. 그러면서 대한민국의 국가보안법을 인권탄압법이라 주장하며 폐기를 촉구해 왔다. 북한의 집권자들과 중국 공산당의 독재에 대해서는 침묵하면서 대한민국의 민주적 집권자의 통치에 대해서는 '독재'라고 비판한다. 김일성·모택동 독재는 비판 않고 이승만·박정희 독재는 극도로 부정적 태도를 취한다.

8항 관련 : 문 씨는 반공에 대한 부정적 입장으로 인해 대한민국 반공의 상징인 이승만 대통령 묘소 참배도 거부한다. 반공적 법률인 국가보안법과 반공적 기관인 국가정보원의 폐지를 주장한다.

9항 관련 : 공산주의자들이 반대하는 한국군의 이라크 파병 반대, 좌익의 입장을 수용한 한미 FTA 재협상 주장, 좌익이 비판하는 신자유주의에 대한 극도의 비판 등.

10항 관련 : 북한의 미사일 공격에 대처하기 위한 미사일방어체제(MD)

가입 반대, 한일군사정보교류협정 체결 반대, 제주도 해군기지 이전 검토 용의, NLL 양보 지지, 북한 主敵(주적) 표기 삭제 지지, 대한민국의 정당성을 부정하는 역사 교과서 수정 반대 등.

11항 관련 : "정치적 절차적 민주주의만이 아닌 경제적 양극화 해소 및 복지확충까지 함께 하는 실질적 민주주의가 필요하다"는 문재인 씨의 용어는 사회주의자들이 흔히 쓰는 것이다. '실질적 민주주의'는 사회주의자들이 자기들이 추구하는 민주주의를 지칭하는 데 사용하는 말이다.

'공산주의를 신봉하는 자 확실'

양동안 교수의 문재인 씨 이념 분석 결론은 이렇다.

〈11개 항을 추출할 때는 문재인 씨를 想定(상정)하고 그에게 맞추려고 한 것이 결코 아니다. 객관적 기준을 설정해 보자는 취지에서 한 것이다. 그것을 설정한 후 11개 항에 맞는 문재인 씨의 언동을 추적해 가면서 제풀에 놀랐다. 非(비)공산국가에서 활동하는 공산주의자의 언동상 특징 11개 항이 모두 다 발견된 것이다. 놀라운 일이다. 이러한 점에 비추어 볼 때 위에서 서술한 근거들이 허위임이 입증되거나, 문 씨의 반공사상을 객관적으로 입증할 강력한 증거들이 제시되지 않는 한 문재인 씨는 自覺(자각)하고 있는지 여부와 상관없이 공산주의를 신봉하는 자, 즉 공산주의자임이 확실하다고 판단하지 않을 수 없다.〉

양동안 교수의 분석을 요약하면, 문재인 씨는 일관된 행동으로 대한민국 편이 아니라 북한정권 편이라는 점을 스스로 증명하고 있다는 것이다.

한편 문재인 측에선 재판에서 "원고가 공산주의자라는 것을 입증하거나 공산주의자라고 믿을 만한 근거가 있었다고 주장하기 위해서는 原告(원고)가 생산수단의 私有化(사유화)를 부정하거나 현행 법체계를 武力(무력)으로 붕괴시키는 것을 원한다는 것에 대한 구체적인 근거를 제시해야 한다"고 했다. 이에 대하여 고영주 이사장은 "변호사이며 정치인인 원고가 자신이 공산주의자라고 밝히거나 공산주의의 징표로 알려진 사유재산제도 부정을 드러내고 주장할 리가 없다. 사유재산제도를 부정해야만 공산주의자라 할 수 있다고 하는 것은, '대한민국에는 공산주의자가 단 한 명도 없다'는 것과 같은 주장이다"고 반박했다.

'문재인-고영주 공개 토론을 제안한다'

국민행동본부는 의견광고를 통하여 문재인-고영주 공개 토론을 제안했다. 〈차기 대통령이 당면할 최대의 과제는 北核 문제 해결이므로 유권자들은 후보들의 이념적 정체성을 투명하게 파악할 권리와 의무가 있다〉면서 이를 위해서는 공정한 재판은 물론이고 정치적, 민주적 방법에 의한 문제 해결 방식이 도입되어야 할 것이라고 했다.

문재인 씨는 야당의 중진 정치인이고 고영주 이사장 또한 전교조 및 통합진보당 불법화의 이론을 제공한 1급 공안통이므로 좁은 법정에서 다투기엔 사안이 너무나 중차대하다는 것이다. 이 단체는 이렇게 주장했다.

〈대통령이 되겠다는 公人에 대한 비판은 자유로워야 한다. 애국 인사들은 그동안 '공산주의자'라는 말보다 더 명예훼손적인 '수구꼴통' '극우' '친일파' 등의 비난을 받았지만 아무도 이 문제를 법정으로 가져가지 않았다. 이념 문제에 관하여는 언론자유의 폭을 넓게 잡아야 한다고 믿었기 때문이다. 문재인 씨가 자유민주주의 신봉자라면 법리공방이 아니라 공개토론으로 자신의 정체성을 국민들에게 설명하고 심판을 받아야 할 것이다.〉

이념적 敵對感

문재인 전 의원은 자신의 신념을 드러내는 행동을 지속하고 있다. 그는, 북한 핵실험 10주년이 되는 2016년 10월9일 페이스북에 사실상 사드 배치 반대를 주장하는 글을 올렸다.

"사드(THAAD·고고도미사일방어체계) 배치를 위한 제반 절차를 잠정적으로 중단하고 북핵을 완전히 폐기시키기 위한 외교적 노력을 다시 하자"고 박근혜 대통령에게 제안한 것이다.

2016년 8월15일 광복절 날에도 자신의 페이스북에 글을 올려, '8월15일을 건국절로 지정해야 한다'는 주장에 대해 "역사를 왜곡하고 헌법을 부정하는 反역사적·反헌법적 주장, 대한민국의 정통성을 스스로 부정하는 얼빠진 주장"이라고 밝혔다. '얼빠진'이란 감정적 표현은 그가 대한민국의 민족사적 정통성을 주장하는 이들에 대하여 이념적 敵對感(적대감)을 갖고 있는 게 아닌가 추정하게 만든다.

문 씨에게 안보 문제에 대하여 조언을 해 준다는 이수혁(68) 전 국정원 1차장도 비슷한 감정을 드러냈다. 〈조선일보〉와 한 인터뷰에서 그는 "핵무장론은 정치 포퓰리즘이지. 불가능한 것을 가능한 것처럼 떠드는 것은 국제 현실에 대해 무지하거나 정치적인 선동에 불과하다"고 말했다. 너무나 당연한 자위적 핵무장론을 '무지' '선동'이라고 폄하하는 그가 내어놓은 대안이란 것이 "그래도 협상해야 한다. 북한의 핵 보유 현실을 인정하고, 그 핵을 사용하지 못하도록 관리하는 협상을 벌여야 한다"이다. 사대주의에 찌든 노예근성이다.

문재인 후보는, 세계인권기념일인 2012년 12월10일 "양심과 신념에 기초한 병역거부자에 대한 대체 복무제를 도입하겠다"고 공약했다. 여기서 '신념'이 문제이다. '나는 사회주의가 신념이다. 사회주의 국가인 북한을 적대시하는 국군에 복무할 수 없다' '나는 생명존중의 사상을 가진 평화주의자이다. 양심상 사람을 죽이는 무기를 잡을 수 없다' '나는 대한민국을 정통국가로 보지 않는다. 그런 국가를 위하여 봉사하는 군대에 갈 수 없다'는 사람들도 면제를 받을 수 있는 길을 열겠다는 뜻으로 해석될 수 있었다.

핵실험보다 정부 무능이 더 걱정?

문재인 전 대표는 상식·사실·헌법에 반하고, 여론의 비판을 감수해야 하는 발언도 서슴지 않는 게 특징이다. 비판을 감수하겠다는 결연한 태도는 신념이나 이념에서 우러나온 것으로 봐야 한다. 문제는 신념체계의 정체이다. 그의 페이스북 등에 올라온 글들이다.

〈그 효용성이 제대로 검증이 안 된 사드 배치 논의로 중국을 노골적으로 자극하고 국제공조를 어렵게 만들고 있습니다. 이것이 외교전략이고 대북정책인지 도대체 한심한 일입니다. …〉

〈대북 확성기 방송 재개처럼 즉흥적인 대응은 군사적 긴장만 높일 뿐입니다. 제재는 필요하지만 제재만으로는 안 된다는 것이 그간의 경험입니다.〉

〈우리 당은 북한의 제4차 핵실험을 규탄합니다. 그러나 한편으로 지적하지 않을 수 없는 것은 이번 핵실험이 이명박 정부 5년과 박근혜 정부 3년의 총체적 안보 무능의 결과라는 사실입니다. 박근혜 정부의 대북정책은 완전히 실패했습니다.〉

〈지난 5년 우리 발목을 스스로 잡아 왔던 5·24조치를 해제하고, 뱃길과 육로를 열어 이산가족 상봉과 금강산 관광 재개, 남북교류 협력시대를 열어야 합니다. … 국민 여러분! 기업들을 위해서도, 교류협력 활성화를 위해서도, 지금 당장 5·24조치를 해제해야 합니다. 5·24조치는 법적 근거도 없습니다.〉

〈국민들은 북한의 핵실험에 대해서 크게 걱정합니다. 그런데 그보다 더 큰 걱정은 우리가 사전에 탐지도 못하고, 아무 대책 없이 당하고, 북한에 뒤통수 맞기 일쑤고, 이런 정부의 안보 무능 때문에 더 크게 걱정하고 있는 것이거든요.〉 (국회질의)

국민들이 북한의 핵실험보다 정부의 무능을 더 걱정한다는 표현에서 그의 가치기준이 짐작된다. 살인강도의 만행보다 형사의 무능을 더 비판하는 이가 있다면 강도를 형사보다 더 존중한다고 봄이 타당할 것이다.

'국가연합이나 낮은단계 연방제' 지향

문재인 씨가 공산주의자인지 아닌지, 그가 친북인지 아닌지를 판단하는 데 가장 중요한 기준은 한반도 통일방안일 것이다. 헌법은 제1, 3, 4조를 통하여 '대한민국의 영토를 불법 강점한 북한정권을 평화적 방법으로 해체시키고 자유통일함으로써 한반도 전체를 민주공화국으로 만들 것'을 명령하고 있다. 대한민국과 북한은 1민족 1국가의 대원칙에 입각, 민족사의 정통성이 어느 쪽에 있느냐의 투쟁을 벌이고 있으므로, 헌법은 북한정권을 국가로 인정할 수 없음을 못 박고 있다. 문재인 씨는 헌법의 심장과 뇌수에 해당하는 이 핵심적 가치를 부정한다.

"김대중, 노무현 정부를 거치면서 국가연합 혹은 낮은 단계의 연방제에 이를 수 있다는 희망을 품을 정도가 됐다. 하지만 지금은 통일은커녕 전쟁을 걱정해야 한다." (2011년 2월12일 〈한국일보〉 인터뷰)

"김대중 대통령이 꿈꾸셨던 국가연합 또는 낮은단계 연방제 정도는 다음 정부 때 정권교체를 통해 반드시 이루겠다." (2012년 8월20일 현충원 김대중 3주기 추도식)

문재인 씨의 上記(상기) 발언은 명백한 위헌이며 反국가적이고 친북적 통일방안이다. 2000년 6월15일의 남북한 공동선언 제2항은 〈남과 북은 나라의 통일을 위한 남측의 연합제안과 북측의 낮은단계의 연방제안이 서로 공통성이 있다고 인정하고 앞으로 이 방향에서 통일을 지향시켜 나가기로 하였다)고 했다. 김대중−김정일의 이 합의는 친북적이라고 비판을 많이 받았지만 적어도 '남측의 연합제안'은 문 씨가 공언한 '국가연합'이 아니라 노태우 대통령 때부터 국가의 공식 통일방안에 나오는 '남북연합'이다. 김대중 정부도, "남북연합은 1민족 2국가를 의미하는 국가연합이 될 수 없으며, 분단 상황 하에서 완전한 통일실현 시까지 통일을 추구하는 '잠정적 관계'라는 점에서 특수한 결합형태"라는 입장을 유지했다.

6·15선언의 '연합제안'을 '국가연합안'으로 해석하면 대한민국 헌법이 국가로 인정하지 않는(권력실체로는 인정한다) 북한정권을 국가로 인정하여 대한민국과 동격으로 놓는 헌법위반을 저지르게 된다. 문재인 씨는 '국가연합'이라는 표현으로 헌법을 위반한 다음 한 걸음 더 나아가서 '국가연합 또는 낮은단계 연방제' 중 하나에 이르는 통일을 주장하였다. '국가연합'은 헌법위반이고, '낮은단계 연방제'는 공산통일로 나아가는 첫 단계이다. 어느 쪽도 안 되는데 문재인 씨는 어느 쪽이든 좋다고 한다. 이는 反헌법적, 더 쉽게 말하면 반역적 정책이다.

2014년 12월 헌법재판소는 통합진보당에 대하여 북한식 사회주의를 한국에서 구현하려는 반역집단으로 규정하였는데 '낮은단계 연방제'를 이렇게 부정하였다(다수 의견을 낸 두 재판관의 보충의견).

〈결국 피청구인(注: 통합진보당) 주도세력이 소위 낮은단계 연방제 통일방안을 채택한 이유로 제시한 내용은 설득력 있는 근거가 되지 못한다. 법정의견에서 본 바와 같이, 피청구인 주도세력이 1민족 1국가 2체제

2정부의 연방제 통일방안을 주장하는 이유는 북한과 같이 자유민주주의 체제의 변혁과 진보적 민주주의 체제 및 사회주의 체제(북한식 사회주의 체제)를 추구하기 위한 전략으로 인식하고 있기 때문인 것으로 보인다.〉

이 헌법재판소 판단은 문재인 식 통일방안에 그대로 적용된다. '국가 연합 또는 낮은단계 연방제'를 이루겠다는 말로써 '낮은단계 연방제'를 허용한 것은, 〈북한식 사회주의를 추구하기 위한 전략〉의 일환이란 지적을 면하지 못할 것이다.

北核과 문재인

고영주 이사장에 대한 문재인 전 의원의 訟事(송사)는 '문재인은 공산주의자인가'라는 민감한 쟁점을 공론화시킨 측면이 있다. 양동안 교수가 그의 언동을 체계적으로 분석한 것도 이 재판 덕분이다. 민주주의 국가에서 대통령이 될 사람의 생각과 행동은 미국의 트럼프 후보의 경우처럼 과거사까지 낱낱이 드러나야 한다. 그런 기회를 문재인 씨가 제소를 통하여 스스로 만든 셈이다. 진실은 밀실이 아니라 자유로운 토론과 경쟁과 폭로를 통하여 만들어지는 경우가 허다하다.

문재인 씨의 이념에 대한 관심은 차기 대통령이 북핵 문제를 어떻게 다룰 것인가를 예측하게 만들기에 더욱 커질 수밖에 없다. 양동안 교수의 분석이 맞다면 문재인 대통령과 한미동맹, 헌법정신, 그리고 국군은 공존하기 어려울 것이다. 국군통수권자가 사드 배치에 반대하고, 미국과 유엔 안보리를 중심으로 한 對北(대북)제재 대열에서 이탈하며, 핵을 가진 북한에 예속되는 길인 낮은단계 연방제를 추진하겠다고 나설 때 내전적 상황까지 벌어지지 않는다고 낙관할 수 있을까?

2017년 대통령 선거 직후의 북핵 상황을 예상하고 거기에 문재인 노선을 代入(대입)해 볼 필요가 있다.

2016년 9월 초의 북한 핵실험은 '핵폭탄'이 아니라 미사일에 장착하기 위한 핵탄두 실험이었다는 데 의미가 있다고 핵 전문가들은 말하고 있다. 폭발력이 히로시마 원폭급으로 향상되어 단거리, 중거리 미사일에 핵탄두를 장착, 한국과 일본을 위협할 정도가 되었다는 이야기이다. 플루토늄 재고량은 수십 kg 정도로 제한되어 있다는 점을 감안하면 우라늄 폭탄이었을 가능성이 높다고 한다. 북한은 조만간 핵무기 양산체제로 들어갈 것이다. 핵탄두를 운반할 미사일은 단·중거리를 넘어 장거리 및 잠수함 탑재용으로 확대되어 금명간 미국 본토를 위협할 수 있을 것이다. 요사이 미국에서 선제공격(preemptive strike), 예방공격(preventive strike) 이야기가 나오지만 실천에 옮기기는 쉽지 않다.

美北·美中 간 빅딜 가능성

미국이나 한국이 군사적 방법으로 북핵 문제를 해결하는 것이 어렵다고 판단할 경우, 제재를 계속하되 협상 국면이 열릴 것이다. 한국으로선 대치 국면보다 협상 국면 대처가 더 어렵다. 복잡해지기 때문이다. 북한은 핵보유국으로 인정을 받고, 美北 담판을 통하여 평화협정을 맺어 한국을 소외시키는 한편 주한미군 철수나 한미동맹 약화(또는 해체), 그리고 한국의 인질화에 이은 용공정권 수립, 최종적으론 적화통일을 노릴 것이다. 이 방향에 중국도 동의할 것이다. 전략적 이해가 일치하기 때문이다. 협상에서 미국은 단계적 핵폐기를 지향할 것이다. 한국이 동의하든 않든 美北, 美中 빅딜을 시도할 가능성도 배제할 수 없다.

한국은 핵무장을 포기함으로써 북한과 중국은 물론 미국에 대한 카드도 없다. 핵을 가진 나라들이 핵을 갖지 않은 한국을 희생시키고 빅딜을 성사시키려 할 때 우리는 무엇을 할 것인가? 최소한 주체적인 협상 전략이라도 가져야 할 것이다.

2015년 말 북한학회 세미나에서 이상철 국방부 군비통제단장은 3중 회담 전략을 제안했다. 6자 회담을 통하여 북핵 문제 해결, 한국전 당사자 4者[韓美中北] 회담을 통한 정전체제의 평화체제 전환, 남북군사회담을 통한 재래식 군비통제 추진이 그것이다. 이 3중 회담을 북핵 해결 진전과 연계시킨다는 것이다.

한국은 북한의 핵문제를 對北 전략 차원에서, 미국은 북한의 핵문제를 對中 전략 차원에서, 중국은 北核을 對美 전략 차원에서 본다. 이런 多焦點(다초점) 상황에서 國益(국익)을 도모하려면 강대국 追隨(추수)가 아닌 우리의 주체적 전략이 있어야 한다.

무엇보다 북한과 협상을 시작하기 전에 한국은 입장을 강화시켜 놓아야 한다. 강한 입장에서 협상을 이끌어 나가려면 먼저 대북 핵 억제력을 극대화해야 한다. 억제력만큼만 발언권이 생길 것이다. 전술핵 재배치나 종합적 방어망 건설 등 억제력 강화를 이룬 뒤 협상에 임해야 유리한 고

지를 점할 수 있다. 김정은이 핵을 쓰지 못하게 하는 힘, 즉 핵 억제력을 확보해 놓으면 시간은 우리 편이 된다. 협상이나 게임에선 초조하지 않으면 이긴다.

사드 배치를 반대하는 무조건적 평화주의자 문재인 씨가 대통령이 될 경우 이런 상황에서 어떤 일이 벌어질 것인가? 최악의 경우 그의 당선이 '대한민국 최후의 날'을 여는 계기가 되지 않을까 걱정하는 이들도 많다. 여기에 대한 답은 법정에서 나올지 모른다. (월간조선 2016년 11월호)

2

문재인-고영주 '공개 토론'을 제안한다!

국민행동본부

'유력 대통령 후보감이 공산주의자냐 아니냐'는 법정에서 다루기에는 너무나 큰 쟁점이다. 국민 앞에서 민주적으로 정정당당하게 설명하고 심판을 받아라!

1. 대통령 선거 직후인 2013년 1월4일의 애국시민단체 모임에서 공안검사 출신인 高永宙(고영주) 변호사는 부림사건 수사 경험을 이야기하면서 "문재인 후보는 공산주의자이고, 그가 대통령이 되면 우리나라가 적화되는 건 시간문제이다"는 요지의 발언을 하였다. 작년 8월, 高 변호사가 MBC의 대주주인 방송문화진흥회 이사장으로 임명되자 이 발언이 뒤늦게 문제가 되어 文 씨가 명예훼손으로 高 씨를 提訴(제소)했다.

지난 9월28일 서울중앙지방법원 김진환 판사는 원고(문재인)가 공산주의자라는 '피고의 발언을 뒷받침할 만한 사실 또는 사정을 인정할 만한 정황은 도무지 찾기 어렵다'면서 3000만 원을 배상하라는 판결을 내렸다.

2. 이에 대하여 고영주 변호사는 즉각 반발하였다. 판사가 우리법연

구회 출신으로서 공정한 재판을 할 수 없는 입장이었고, 재판의 핵심인 '문재인이 과연 공산주의자인가'라는 점에 대한 검토 없이 '본인신문 신청, 증인신문 신청 등 피고 측 변론 요청을 하나도 받아들이지 않고 막무가내로 내린 황당한 재판'이란 것이다.

3. 우리는 지난번 선거에서 대통령 후보였고, 2017년 선거에서도 후보가 될 것이 유력시되는 인물이 '공산주의자냐 아니냐'의 논란에 휩싸인 것은 결코 사소한 문제가 아니라고 생각한다. 특히 차기 대통령이 당면할 최대의 과제는 北核 문제 해결이므로 유권자들은 후보들의 이념적 정체성을 투명하게 파악할 권리와 의무가 있다. 이를 위해서는 공정한 재판은 물론이고 정치적·민주적 방법에 의한 문제 해결 방식이 도입되어야 할 것이다.

4. 우리는 재판과는 별도로 문재인, 고영주 두 사람이 국민 앞에서 '공개 토론'으로 정정당당하게 이 문제를 정리할 것을 제안한다. 문재인 씨는 야당의 중진 정치인이고 고영주 변호사 또한 전교조 및 통합진보당 불법화의 이론을 제공한 1급 공안통이다. 좁은 법정에서 다투기엔 사안이 너무나 중차대하다.

5. 공산주의의 전략 연구에 밝은 양동안 씨는 재판부에 낸 의견서에서, 공산당이 불법화된 나라에서 관찰되는 공산주의자의 言動上 특징 11가지를 문재인 씨에 적용한 결과, 〈문 씨의 반공사상을 객관적으로 입증할 강력한 증거들이 제시되지 않는 한, 문재인 씨는 자각하고 있는지의 여부와 상관없이 공산주의를 신봉하는 자임이 확실하다고 판단하지 않을 수 없다〉고 주장하였다. 梁 교수가 열거한 文 씨의 언동엔 '국가보

안법 폐지 주장', '(낮은단계)연방제 통일 주장', '평화협정 체결 주장', '국정원 해체 동조', '신영복·김원봉 등 공산주의자 존경, 反共(반공)주의자 이승만엔 부정적 태도', '利敵(이적)단체 옹호', '(헌법재판소가 위헌정당으로 판단, 해산시킨) 통진당과 지속적 협조 관계', '북핵엔 침묵, 사드 배치엔 반대', '역사 교과서 수정 반대' 등이 있다. 우리는 이런 언동이 사실이라면 그런 사람이 대통령이 될 경우 북핵 문제 해결은 불가능하고 韓美동맹도 어렵게 될 것이라고. 걱정한다. 그렇기 때문에 문재인-고영주 공개 토론이 절실하다.

6. 대통령이 되겠다는 公人에 대한 비판은 자유로워야 한다. 애국인사들은 그동안 '공산주의자'라는 말보다 더 명예훼손적인 '수구꼴통', '극우', '친일파' 등의 비난을 받았지만 아무도 이 문제를 법정으로 가지고 가지 않았다. 이념 문제에 관하여는 언론자유의 폭을 넓게 잡아야 한다고 믿었기 때문이다. 문재인 씨가 자유민주주의 신봉자라면 法理(법리)공방이 아니라 공개토론으로 자신의 정체성을 국민들에게 설명하고 심판을 받아야 할 것이다. (2016년 10월11일)

3

문재인 손해배상청구 판결(1심)에 대한 고영주의 비판

高永宙 · 변호사

문재인이 공산주의자라고 믿을 만한 이유가 될 수 있는지 여부에 대해서는 전혀 언급하지 않은 황당한 재판이었다.

재판진행과 관련하여

○ 재판부는 공정한 재판은커녕, 재판을 공정하게 하려 한다는 외관을 갖추려는 노력조차 하지 않았다. 재판부는 본인신문신청, 증인신문신청 등 피고 측 변론요청을 하나도 받아들이지 않고 막무가내로 판결을 내렸음.

피고의 변론활동을 못하게 하려면 '피고의 주장을 충분히 납득하였으니 피고는 더 이상 입증을 위한 노력을 할 필요가 없다'고 할 때나 가능한 것인데, 피고의 변론활동을 철저히 봉쇄하고 피고에게 패소판결을 내린 것임.

○ 김진환 판사는 본 재판에 대해 공정한 재판을 할 수 없는 입장이었

기 때문에 마땅히 회피를 했어야 함에도, 재판을 담당하였다.

김 판사는 우리법연구회 출신이고, 우리법연구회는 전교조, 민노총 등과 함께 노무현 정부나 더불어민주당의 근간을 이루는 단체이니, 결국 본 사건은 더불어민주당이 訴를 제기하고, 더불어민주당이 재판한 것이나 마찬가지임.

판결문 검토

○ 개요

명예훼손에 관한 사건을 재판하려면 먼저 피고가 한 말이 진실한 「사실」인지 아니면 「허위의 사실」인지 여부를 분명히 하여야 함. 즉, 진실한 「사실」을 적시한 경우에는 그 발언이 다시 위법성(공공의 이익에 관한 것)을 조각하는 사유가 있는지 여부를 검토하여야 하나, 「허위의 사실」인 경우에는 위법성이 조각될 여지가 없음.

그런데 본 판결은 피고의 발언에 대해 과장된 표현을 넘는 「허위의 사실」이라고 단정하였으면서도 다시 위법성 조각 여부를 거론하는 모순을 범하고 있음. 정치인의 이념에 관하여 진실한 사실인지 허위의 사실인지 여부를 판정함에 있어서는 판결문 9면 이하에 적시한 바와 같이 "의혹의 제기나 주관적인 평가가 진실에 부합하는지 혹은 진실하다고 믿을 만한 상당한 이유가 있는지를 따짐에 있어서는 일반의 경우와 같이 엄격하게 입증해 낼 것을 요구해서는 안 되고, 그러한 의혹의 제기나 주관적인 평가를 내릴 수 있는 구체적 정황의 제시만으로 입증의 부담을 완화시켜주어야" 하는데, 본 판결은 그와 같은 대법원 판례의 취지를 *沒却*(몰각)한 것임.

또한 본 사건의 재판을 함에 있어서는 피고가 문재인을 공산주의자로 평가한 것이 진실하다고 믿을 만한 상당한 이유가 있는지 여부를 따지는 것이 핵심인데, 재판부는 피고가 제출한 증거들에 대해 문재인이 공산주의자라고 믿을 만한 상당한 이유가 될 수 있는지 여부에 대해서는 전혀 언급하지 않고, 또한 피고의 추가 증거신청도 받아들이지 않고 바로 피고 패소 판결을 하는 황당한 재판을 한 것임.

○ **판결문 4면, '2) 발언 이후의 경과' 중에서.**

"피고는 2015년 10월 '2015년 정기 국회' 국정 감사장에서도 방송문화진흥회 이사장으로서 위 신년하례회 발언 관련하여 '사법부 좌경화 발언 등' 여러 가지 화제가 되는 말을 하여 세간의 주목을 받기도 하였다."

공정하게 재판하여야 하는 판사가 판결문에 공공연히 피고에 대한 적대감을 표현한 것임. 국정감사장에서 피고의 수많은 발언이 있었음에도 유독 재판장이 속한 사법부에 대한 비판 발언이 있었음을 상기하고 있는 바, 문재인과의 소송에 있어 문재인 공산주의자 「발언 이후의 경과」로서, '사법부 좌경화 발언'은 본 소송과 아무런 관련이 없기 때문에 거론될 이유가 전혀 없음. 이는 문재인은 공산주의자라는 발언의 피해자이고, 재판부는 사법부 좌경화라는 발언의 피해자이므로 같은 피해자 입장이라는 감정의 표현으로 보여짐.

○ 판결문 7면, '나'의 '2) 명예훼손으로 인한 불법행위의 성립' 중에서.

"살펴건대, 앞서 본 피고 발언의 전체적 맥락을 보면, 피고는 자신이 수사 검사로 관여하였던 '부림사건' 변호인으로 원고가 선임된 적은 없었음에도 당시 변호인으로 선임되었던 노무현 전 대통령 이외에 원고 또한 '부림사건' 변호인으로 함께 선임되었다는 전제에 기초하여, '부림사건'의 성격이 공산주의운동이라는 것을 잘 아는 원고가 청와대에 근무할 무렵 자유민주주의체제 수호에 앞장선 피고에 대한 불만으로 피고에게 인사상 핍박을 가하였는데, 그 이유는 원고도 '부림사건' 관련 인맥으로 공산주의 활동을 하는 '공산주의자'이기 때문이고, 이런 원고가 대통령이 된다면 '대한민국의 적화'는 시간문제라는 취지로, 자신이 과거에 관여하였던 '부림사건'을 토대로 이야기 구조를 갖추어 신년하례회 연설을 한 것으로 보인다."

김 판사는 "문재인이 부림사건의 변호인으로 선임된 적이 없었음에도 피고는 문재인이 노무현 전 대통령과 함께 변호인으로 선임되었다는 전제에 기초하여"라고 단정함으로써 문재인은 부림사건과는 전혀 관련이 없음에도 불구하고 피고가 무리하게 문재인을 부림사건과 관련지어 공산주의자로 오판한 것처럼 즉 허위사실을 적시한 것처럼 設始(설시·처음으로 시작함)하고 있음.

그러나 피고가 문재인이 부림사건 변호인이라고 판단한 것은 노무현 정권 당시의 親盧(친노)세력들이 그렇게 주장을 했을 뿐만 아니라 문재인이 그것을 부인한 적이 없고, 설혹 문재인이 최초의 부림사건 1심 변호인이 아니라 2심 또는 재심의 변호인이었다 하더라도 문재인이 부림사건의 실체를 아는 데는 아무런 지장이 없었을 것이므로 달라질 것이 없다고 세세한 설명을 해주었음에도 불구하고 문재인이 2심이나 再審(재심)의 변호인이었는지 여부는 설명해 볼 생각도 없이 문재인과 부림사건은 관계가 없다고 단정해 버렸음.

○ 판결문 8면, 상단 부분.

"남북이 대치하고 있고, 국가보안법이 시행되고 있는 우리나라의 현실에서 특정인이 북한의 남한혁명노선이라고 하는 '민족해방 민중민주주의 혁명론'을 추종하며 민족해방(NL)을 내세우는 '주사파' 또는 북한을 무비판적으로 추종하는 주사파와 같은 계열에 둘 수 있는 '종북'으로 지목될 경우 그는 대한민국의 정체성과 헌법적 기본질서를 부정하는 행위를 하여 형사처벌의 대상이 될 수 있는 부정적이고 치명적인 반사회세력으로 몰리고, 그에 대한 사회적 명성과 평판이 크게 손상될 것이므로, 이로 인하여 명예가 훼손된다고 보아야 할 것이다."

피고는 문재인이 공산주의자라고 확신하게 된 근거로써, 재판과정에서 문재인이 북한의 대남적화혁명노선인 민족해방인민(민중)민주주의 혁명론에 부합하는 활동을 한 사실을 거론했을 뿐, 本件 신년하례회에서는 종북이나 주사파 또는 민족해방민중민주주의 혁명론 등을 거론한 적이 없음. 따라서 이 부분은 피고의 발언이나 본 사건의 재판과는 아무런 관련이 없는 내용임에도, 김 판사는 명예훼손 혐의를 인정한 다른 사건판결문의 내용을 그대로 복사해 붙인 것으로 사료됨.

뿐만 아니라 그렇게 판결하게 된 다른 사건 판결문의 사정을 거두절

미하고 이를 인용한 결과, 이 판시내용에 의하면 북한의 남침에 동조하여 내란을 企圖(기도)한 이석기에 대하여 종북이나 주사파라 비판하더라도 명예훼손의 책임을 져야 한다는 논리인 것임. 위 경우는 종북이나 주사파로 믿을 만한 이유가 없음에도 종북, 주사파 등으로 지칭한 경우에 해당되는 판결임.

이런 논리를 전개하면 그 다음 문장을 볼 것도 없이, 즉 공산주의가 종북보다 더 치명적인 용어인지 여부를 불문하고, 피고는 명예훼손의 잘못을 저지른 것으로 볼 수밖에 없음. 이런 시각으로 보면 피고가 제출한 자료나 증거들을 볼 것도 없이 무조건 명예훼손의 책임이 인정되게 되니, 김 판사가 피고가 제출한 증거서류나 신청한 입증방법 등을 전혀 보지도 듣지도 않고 막무가내로 판결을 내린 저간의 사정을 이해할 수 있을 것임.

○ **판결문 9면, 앞부분**

"그렇다면, 피고의 원고에 대한 위 '공산주의자' 관련 발언 또는 강연으로 원고에 대한 사회적 명성과 평판은 크게 손상되었다고 할 것이므로, 이는 원고에 대한 명예훼손 행위가 되거나 원고의 인격권을 침해하는 불법행위가 된다."

도대체 이 판결문이 무슨 근거를 제시했다고 '그렇다면'이라는 접속사가 나오는지 알 수가 없음. 피고의 명예훼손 책임을 인정하기 위해서는 문재인이 공산주의자로 확신할 만한 근거가 있는지, 피고가 제출한 그 근거에 상당한 이유가 있는지 등에 대하여 판단을 해주어야 함에도 불구하고, 피고가 제출한 수많은 증거자료에 대해서는 그것들이 왜 상당한 이유가 될 수 없는지 전혀 판단하지 않고, 그냥 막무가내로 피고가 그런 말을 했으니 명예훼손의 불법행위가 된다고 단정한 것임. 조선시대의 원님재판에서나 가능한 판결임.

○ 판결문 9면 하단~10면, 상단 부분.

"당해 표현이 공적인 존재의 정치적 이념에 관한 것인 경우, 그 공적인 존재가 가진 국가·사회적 영향력이 크면 클수록 그 존재가 가진 정치적 이념은 국가의 운명에까지 영향을 미치게 되므로 그 존재가 가진 정치적 이념은 더욱 철저히 공개되고 검증되어야 하며, 이에 대한 의문이나 의혹은 그 개연성이 있는 한 광범위하게 문제제기가 허용되어야 하고 공개토론을 받아야 한다. 정확한 논증이나 공적인 판단이 내려지기 전이라 하여 그에 대한 의혹의 제기가 공적 존재의 명예보호라는 이름으로 봉쇄되어서는 안 되고 찬반토론을 통한 경쟁과정에서 도태되도록 하는 것이 민주적인데, 사람이나 단체가 가진 정치적 이념은 흔히 위장하는 일이 많을 뿐 아니라 정치적 이념의 성질상 그들이 어떠한 이념을 가지고 있는지를 정확히 증명해 낸다는 것은 거의 불가능한 일이므로 이에 대한 의혹의 제기나 주관적인 평가가 진실에 부합하는지 혹은 진실하다고 믿을 만한 상당한 이유가 있는지를 따짐에 있어서는 일반의 경우에 있어서와 같이 엄격하게 입증해 낼 것을 요구해서는 안 되고, 그러한 의혹의 제기나 주관적인 평가를 내릴 수도 있는 구체적 정황의 제시로 입증의 부담을 완화해 주어야 한다. 그리고 그러한 구체적 정황을 입증하는 방법으로는 그들이 해 나온 정치적 주장과 활동 등을 입증함으로써 그들이 가진 정치적 이념을 미루어 판단하도록 할 수 있고, 그들이 해 나온 정치적 주장과 활동을 인정함에 있어서는 공인된 언론의 보도내용이 중요한 자료가 될 수 있으며, 여기에 공지의 사실이나 법원에 현저한 사실도 활용할 수 있다."

이것이 바로 본 사건과 같이 정치인에 대한 평가에 대해서 진실성과 위법성을 인정할지 여부에 대한 대법원의 확고한 판례임. 이 판례는 문재인이 공산주의자라고 확신하는 정당한 근거를 수도 없이 제출하고 있는 피고에 대해 정확히 해당되는 것임. 그러나 김 판사는 마치 위 판례의 취지도 감안한 것처럼 위장하기 위하여 위 판례를 적시해 놓았을 뿐 다음에서 보시다시피 위 판례원칙을 적용할 생각은 전혀 없었던 것임.

○ **판결문 10면, 중간 부분.**

"아무리 공적인 존재의 공적인 관심사에 관한 문제의 제기가 널리 허용되어야 한다고 하더라도 구체적 정황의 뒷받침도 없이 악의적으로 모함하는 일이 허용되지 않도록 경계해야 함은 물론 구체적 정황에 근거한 것이라도 그 표현방법에 있어서는 상대방의 인격을 존중하는 바탕 위에서 어휘를 선택하여야 하고, 아무리 비판을 받아야 할 사항이 있다고 하더라도 모멸적인 표현으로 모욕을 가하는 일은 허용될 수 없다(대법원 2002. 1. 22. 선고 2000다37524 판결 등 참조)."

본 사건과는 아무 상관없는 사건에 관한 판례를 인용한 것일 뿐임. 피고는 구체적인 정황의 뒷받침이 없이 그런 발언을 한 것이 아니라, A4 용지 13면에 걸쳐서 문재인이 공산주의자라고 확신하게 된 정당한 이유를 자세히 설명하였음. 이를 간단히 요약하면 다음과 같다.

〈● 문재인은 피고의 수사과정에서의 경험상 공산주의운동으로 확신하고 있는 부림사건 관련자들과 평생 동지가 되었는데, 이념이 다른 사람들이 일시 의기투합할 수는 있으나, 평생동지가 될 수는 없다는 점.

● 국가보안법 폐지를 주장하고 실제로도 그 폐지를 집요하게 추진해 온 점.

● 반미적 언행과 주한미군 철수 주장, 그리고 남북평화협정체결, 연방제통일 등 북한의 민족해방인민민주주의 혁명노선에 동조해 온 점.

● 한총련·범민련 등 이적 단체를 옹호하고 위헌정당인 통합진보당의 해산을 반대한 점.

● 북한을 주적으로 표기하는 것을 반대하고, 대북제재 반대, 제주해군기지건설 반대, 사드 배치 반대 등 시종일관 친북적 자세를 견지해온 점 등 통상적인 공산주의자들의 언행과 일치하는 점이 많았기 때문임.

● 또한 피고는 문재인에 대하여 어떠한 모멸적인 표현도 한 적이 없음.〉

위와 같이 수많은 증거자료에도 불구하고 구체적인 정황이 없었다고 인정하려면 위와 같은 사례들이 왜 공산주의자 인정과는 상관없는 것인지, 모멸적인 표현이라면 피고의 어떤 언행이 모멸적인 표현인지를 적시해 주었어야 함. 피고의 행적과는 아무 상관없는 다른 사건의 판결문을 짜깁기 해놓고 피고발언의 위법성을 인정하는 것은 제대로 된 판결이라 볼 수 없음.

○ 판결문 11면, 상단 부분.

"그러나, 아무리 공공적·사회적 의미를 가지는 정치적 이념에 관한 문제의 제기가 널리 허용되어야 한다고 하더라도, 피고 스스로가 경험한 사실 및 언론보도 등을 통하여 객관적으로 알게 된 사실에 관한 자료라 하며 이 법원에 제출한 발언 당시 및 발언 이후에 수집한 것으로 보이는 증거자료만으로는, 「원고가 군사정권 시절 경희대학교 법대 운동권으로서 집회를 주도하다가 구속되어 수감되었고, 출소 후 강제로 군에 징집되어 특수전사령부 예하 부대에서 복무를 마친 후 사법시험에 합격하여 노무현 변호사를 만나 함께 합동법률 사무소를 운영하며, 이른바 시국사건을 변론하면서 오랜 인권변호사 생활을 하던 중 2003년 참여정부의 초대 대통령비서실 민정수석 등을 지낸 사실을 인정할 수 있을 뿐,」 그 정치적 이념 또는 주장과 활동에 있어 자유민주주의와 시장경제의 원칙에 기초한 우리나라의 헌법 체제를 유지·수호하려는 국민들의 입장에 반하여, '청와대에 있으면서 자유민주주의 체제를 지키려고 하는 피고에 대한 불만을 가진 공산주의자' 또는 '노무현 정권 때 청와대 부산인맥으로 공산주의 활동을 한 공산주의자'라는 취지의 피고 발언을 뒷받침할 만한 사실 또는 사정을 인정할 만한 구체적인 정황은 도무지 찾기 어렵다."

피고가 제출한 증거자료는 모두 문재인이 공산주의자라는 확신을 갖게 하는 자료들인데 어떻게 그 많은 자료들을 보고서 '문재인이 특전사에서 軍복무를 하고, 인권변호사 생활을 하고 민정수석을 지낸 사실'밖에 인정할 수 없다고 하는지 판사의 지적능력을 의심할 수밖에 없음. 피고가 제출한 증거자료들이 "문재인을 공산주의자라고 확신한다"는 피고 발언을 뒷받침할 만한 자료가 될 수 있는지 여부는, 앞으로 그동안 제출한 자료들을 공개하여 국민의 심판을 받도록 하겠음. (2016년 10월)

촛불·혁명·59억 원

1

軍부대를 정치 선전장으로 이용

趙甲濟

같은 날 그는 민간인인 최순실이 國政 농단을 했다면서 박근혜 대통령이 정부 운영권한을 국회에 넘기라고 촉구하였다. 같은 민간인인 문재인 씨가 군대를 정치 선전에 이용하는 것은 軍政 농단이 아닐까?

2016년 10월31일 문재인 씨가 육군 1사단을 방문, 아래와 같은 글을 남겼다고 선전하고 있다. 文 씨는 민간인이다. 같은 날 그는 민간인인 최

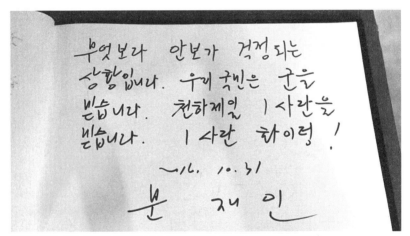

문재인 씨가 육군 1사단을 방문해 남긴 방명록(출처: 문재인 씨 네이버 블로그)

순실이 國政 농단을 했다면서 박근혜 대통령이 정부 운영권한을 국회에 넘기라고 촉구하였다. 같은 민간인인 문재인 씨가 군대를 정치 선전에 이용하는 것은 軍政 농단이 아닐까?

민간인이 서부 전선을 방어하는 가장 중요한 부대를 방문, 멋대로 사진을 찍고 자기 선전을 하였다면 형사처벌을 받아야 한다. 문재인 씨는 사단장의 허락을 받고 방문하였을 것이다. 사단장은 무슨 이유로 이런 정치 선전을 허가하였나?

문재인 씨는 이념적으로 反국군이다. 최근에만 해도 사드 배치에 반대하고 敵軍의 군량미로 쓰일 것이 뻔한 對北 식량지원을 주장하였다. '문재인은 공산주의자이다'는 고영주 변호사의 발언과 관련, 민사 재판이 진행 중이다. 1심에선 高 변호사가 패소하였지만 이념 전문가 양동안 교수는 11개 판별기준을 제시, '문재인은 공산주의자로 볼 수밖에 없다'는 의견서를 제출하였다.

그는 대통령이 되면 '국가연합이나 낮은단계 연방제'로 진입하겠다고 공언한다. 국가연합은 헌법위반이고, 낮은단계 연방제는 공산통일로 가기 위한 북한의 통일방안이다. 그는 북한정권의 하수인인 利敵단체 한총련을 합법화시키려 했던 인물이다.

그의 언동엔 일관성이 있는데 敵軍에 유리하고 국군에 불리한 주장을 줄기차게 한다는 점이다. 이런 反軍的 민간인을 손님으로 맞아들여 사진 촬영까지 하게 한 1사단장은 군법회의에 넘겨야 한다. 아래 헌법 제5조를 읽어보라!

① 대한민국은 국제평화의 유지에 노력하고 침략적 전쟁을 부인한다.

② 국군은 국가의 안전보장과 국토방위의 신성한 의무를 수행함을 사명으로 하며, 그 정치적 중립성은 준수된다.

敵軍을 상대하는 1사단장이 핵무장한 敵軍에 맞서 방어망을 건설하겠다는 것조차 반대하는 反軍的 민간인의 부대 출입을 허용한 것은 '정치적 중립성 준수' 의무를 위반한 일이다.

차제에 국방부는 정치인의 선전 목적 軍부대 출입을 금지시키는 조치를 취해야 할 것이다. 부대 방문 금지 대상에 대한 기준을 만들어야 한다. 與野를 불문하고 헌법과 국군에 적대하는 자를 부대로 들여보내선 안 된다. 국군은 정치적 중립을 지켜야 하지만 正體性(정체성) 문제에선 중립이 있을 수 없다. (2016년 11월1일)

2

國體변경 선언:
"나라의 근본을 확 바꿔야"

趙甲濟

憲政질서를 중단시키려 하는 문재인의 책동은 그의 일관된 이념성향으로 미뤄 그가 말했듯이 朴 대통령 퇴진이 아니라 자유민주주의 체제의 근본을 뒤엎으려는 민중혁명 企圖(기도)로 봄이 정확할 것이다.

드러난 본성과 본질

문재인 씨가 사실상 國體(국체)변경을 선언했다. 최순실 사건으로 촉발된 촛불시위는 문재인의 본성과 본질을 적나라하게 드러냈다. 〈대통령이 조건 없는 퇴진을 선언할 때까지, 저는 국민과 함께 전국적인 퇴진운동에 나서겠습니다〉는 선언은 2012년 대선 결과에 뒤늦게 불복하는 것이며 헌법정신을 위반하는 정도를 넘어 민중혁명적 선동이다.

1. 2016년 11월15일 기자회견문 중 이 문장이 중요하다.

〈오히려 졸속으로 한일군사정보보호협정을 추진하는 등 권력에 대한 미련을 못 버린 채 민심을 거역하고 있습니다.〉

한일군사정보보호협정은 두 나라가 군사정보를 교류할 때, 他國(타국)

으로부터 받은 정보를 책임 있게 보호하기 위한 협정이다. 국가간의 정보 교류를 위해서는 너무나 당연한 협정이다(유사한 협정을 수십 개 나라와 맺었다). 특히 일본으로부터 북한과 核미사일(특히 잠수함)에 대한 정보를 많이 얻어야 하는 한국으로서는 필요한 협정이다. 政局(정국)이 혼란하더라도 국방부가 國益(국익) 수호 차원에서 이를 추진하는 것을 응원해야 할 사람이 이를 '권력에 대한 미련을 못 버린 것'으로 매도한다.

이 협정으로부터 손해를 볼 세력은 김정은 정권뿐이다. 문재인의 이 발언은 김정은 정권을 이롭게 하려는 의도를 드러낸 것이라고 의심할 수밖에 없는 이유가 있다. 그는 최근 對北식량 원조를 제안하였다. 북한에 주는 식량은 굶주리는 인민이 아니라 북한군으로 들어간다는 사실은 여러 번 증명된 바 있다. 핵무기로 我軍(아군)을 위협하는 敵軍에 식량을 대어주자는 이야기이다. 그는 사드 배치 반대를 주장하였다. 敵의 핵미사일 위협으로부터 한국과 미군을 방어하기 위한 최소한의 조치도 반대한 것이다. 그러면 핵무장이라도 주장해야 할 터인데….

문재인 씨는 헌법재판소가 북한식 사회주의를 지향하는 정당으로 판단, 해산시킨 통합진보당도 비호한다. 헌법에 위반되고 북한식 통일방안과 닮은 '국가연합 혹은 낮은단계 연방제'를 주장한다. 公安검사 출신의 고영주 변호사는 그를 공산주의자로 지목하였고, 민사소송 재판에서 이념문제 전문가 양동안 교수는 11개 판정기준을 만들어 文 씨에게 적용한 결과 〈공산주의자로 볼 수밖에 없다〉는 의견서를 제출하였다. 1심에선 피고인 고영주 변호사가 패소하였으나 차기 대통령 후보로 거론되는 이가 전문가로부터 사상을 의심 받고 있다는 것은 예사가 아니다.

자유민주주의 교체

2. 이날 그는 박근혜 퇴진만 요구한 게 아니다.

〈광화문 광장에서 쏟아진 '이게 나라냐?'라는 국민들의 통탄은 대통령의 하야만으로는 치유될 수 없는 절망감의 표현입니다. 대통령의 퇴진을 넘어 시대를 교체하고 나라의 근본을 확 바꾸라는 준엄한 명령입니다. 국민이 주인인 나라, 국민주권이 바로 서는 진정한 민주공화국을 만들자는 국민들의 합의입니다.〉

위헌적인 퇴진운동을 계기로 시대를 교체하고, 나라의 근본을 확 바꾸자는 것은 두 글자로 줄이면 혁명이다. '나라의 근본'은 反共자유민주주의 체제이고 헌법이다. 이를 확 바꾸자는 것이다. '나라의 근본을 확 바꾸라는' 말은 다른 표현으로는 國體(국체)변경이다. 이는 헌법 개정 사항도 아니다. 이를 思考(사고)가 아닌 행동으로 관철시키려 하면 대역죄이다. 그의 이념성향을 감안하면 민중혁명(계급투쟁론적 혁명)을 하겠다는 취지로 이해하는 것이 합리적이다. 한국의 문제는 근본이 아니다. 근본을 지키지 못해서이다. 감기를 치료하면 되는데 감기를 빙자하여 위장을 잘라버리자는 의사 같다.

〈국민이 주인인 나라, 국민주권이 바로 서는 진정한 민주공화국〉이란 말은 액면 그대로 믿어서는 안 된다. 문재인 씨의 그동안 행적을 분석하면 그는 국민주권론이 아니라 민중주권론에 더 가깝다. 민중주권론에 대하여 사실상 프롤레타리아 계급독재라고 판단, 통진당을 해산시킨 근거로 삼았던 헌법재판소 결정을 의식하여 그에게는 어울리지 않게 강조된 것으로 보인다. 그는 2012년 대통령 출마 선언문에서 이렇게 말했다.

〈저는 대통령이 되겠습니다. 우리나라 대통령이 되겠습니다. 소수 특권층의 나라가 아니라 보통사람들이 주인인 '우리나라', 네 편 내 편 편가르지 않고 함께 가는 우리나라, '우리'라는 말이 조금도 부끄럽지 않은, 진정한 '우리나라'의 대통령이 되겠습니다.〉

보통사람만이 주인인 나라는 헌법 위반이다. 모든 사람이 주인이 되어야지 문재인 씨가 보통사람이라고 지정한 사람만 주인인 나라는 계급 국가이다. 이 선언문에서 그는 '대한민국'이라고 써야 할 대목에서 '우리나라'라고 했다.

"이게 나라냐?"

3. 〈광화문 광장에서 쏟아진 '이게 나라냐?'라는 국민들의 통탄〉에서 '이게 나라냐'는 지난 토요일 시위군중이 부른 '이게 나라냐'의 가사를 의미하는 것으로 풀이된다. 윤민석 작사 작곡의 이 노래 가사는 이렇다.

1. 이게 나라냐 이게 나라냐 근혜 순실 명박 도둑 가신의 소굴 범죄자 천국 서민은 지옥 이제 더는 참을 수 없다.

2. 2014년 4월16일 7시간 동안 너는 무얼 했더냐 무참히 죽어간 우리 아이들 그 원한을 풀어 주리라.

3. 새누리당아 조선일보야 너희도 추악한 공범이 아니더냐 쇼 하지 마라 속지 않는다 너희들도 해체해주마.

4. 우주의 기운 무당의 주술 다까끼 마사오까지 불러내어도 이젠 끝

났다 돌이킬 수 없다 좋은 말할 때 물러나거라.

*후렴: 하야 하야 하야하여라 박근혜는 당장 하야하여라 하옥 하옥 하옥 하옥시켜라 박근혜를 하옥시켜라.

위 노래를 작사·작곡한 윤민석은 1992년 조선로동당 중부지역당 사건에 대한 안기부(국정원 전신) 수사白書(백서)에 조선로동당 중부지역당 산하 단체인 '애국동맹'에 가입, 김일성 찬양노래를 작곡했던 인물로 기록되어 있다. 白書에는 윤민석 곡의 사용 용도 등과 함께 자필악보가 수록돼 있다.

이 가운데 '수령님께 드리는 충성의 노래'는 "혁명의 길 개척하신 그때로부터 오늘의 우리나라 이르기까지 조국의 영광 위해 한생을 바쳐 오신 수령님 그 은혜는 한없습니다"라는 1절 가사와 "언제라도 이 역사와 함께 하시며 통일의 지상낙원 이루기까지 조국의 영광 위해 한생을 바쳐 오신 수령님 그 은혜는 한없습니다"라는 2절 가사를 담고 있다. '김일성 대원수는 인류의 태양'이라는 곡은 "조국의 하늘 그 위로 떠오르는 붉은 태양은 온 세상 모든 어둠을 깨끗이 씻어주시네. 아 김일성 대원수 인류의 태양이시니 여 만년 대를 이어 이어 충성을 다하리라"는 가사를 담고 있다. 이 윤민석은 문재인 씨를 대통령 후보로 뽑았던 민주통합당의 黨歌(당가)도 작곡하였다.

대통령 하야 뒤 과도정부 수립?

4. 문재인 전 대표는 이날 선언문 발표 이후 질문을 받고 이렇게 말하

였다.

'대통령이 하야한다면 그 이후에 제가 이미 제안한 바와 같이 거국중립내각과 같은 과도내각으로 다음 정부가 꾸려질 때까지 국정을 도맡는 로드맵이 필요하다.'

대통령이 하야하면 헌법에 따라 현직 국무총리가 권한을 대행하면서 과도내각을 지휘, 60일 내의 선거를 치른다. 그런데 문재인 씨는 헌법에도 없는 거국중립내각을 따로 만들어야 한다고 주장한다. 헌법을 정면으로 위반한 발언인데, 그 저의는 민중혁명적 상황을 이용, 위헌적 방법으로 정권을 잡겠다는 것이라 해석할 수밖에 없다. 대통령을 퇴진시킨 뒤의 혁명적 분위기를 이용, 선거를 관리할 내각도 혁명적 인물들로 채워 민중혁명파가 정권을 잡겠다는 뜻으로 읽힌다.

민중혁명 企圖

5. 퇴진하지 않겠다는 대통령에 대하여는 탄핵절차가 있다. 새누리당의 지리멸렬상으로 미뤄보면 대통령 탄핵 소추안이 국회에서 통과될 가능성도 있다. 그럼에도 군중을 선동, 퇴진운동으로 憲政질서를 중단시키려 하는 문재인의 책동은 그의 일관된 이념성향으로 미뤄 그가 말했듯이 朴 대통령 퇴진이 아니라 자유민주주의 체제의 근본을 뒤엎으려는 민중혁명 企圖(기도)로 봄이 정확할 것이다. (2016년 11월15일)

3

내란 선동 혐의

趙甲濟

국가기관(대통령)을 촛불로 끌어내리고 보수 정치세력을 불태워버리자고 선동했다. 이는 헌법에 의하여 설치된 국가기관을 강압에 의하여 顚覆(전복) 또는 그 권능행사를 불가능하게 하는 國憲문란 행위이다.

"보수 불태우자"

문재인 전 더불어민주당 대표가 2016년 11월26일 "내 한 사람의 촛불을 보태 박근혜를 끌어내리자"고 선동하였다. 이날 서울 청계광장에서 열린 '박근혜 대통령 퇴진 결의대회'에 참석해 박 대통령 타도를 선동한 그는, "이렇게 날씨가 궂은 데도 광화문 촛불집회에 200만의 시민들이 함께 할 것이라고 한다"면서 "거대한 가짜 보수 정치세력을 횃불로 모두 불태워버리자"고 덧붙였다. 검찰의 조사 요청에 불응하는 박근혜 대통령에 대한 체포영장을 청구해야 한다고 주장한 검사에게 문재인 씨에 대하여 내란 선동 혐의로 체포영장을 청구할 생각이 없느냐고 물어 보고 싶다.

　문재인은 박근혜 대통령에 대한 탄핵을 추진하기로 다른 7인의 유력

정치인과 합의를 해놓고 오늘은 강제 축출을 선동하였다. 합법과 비합법 투쟁을 겸하는 전형적인 좌익 투쟁 방식이다. 그는 며칠 전 대한민국의 근본을 확 바꾸겠다는 선동도 한 적이 있다. 대한민국의 근본은 반공자유민주주의이다. 이를 확 바꾸면 좌익세상이 될 것이다.

문재인은 헌법에 배치되는 국가연합 혹은 공산통일방안인 낮은단계 연방제를 주장한다. 국제사회가 핵과 미사일을 개발하는 북한정권에 제재를 강화하고 있는 이 시기에 느닷없이 對北식량 지원을 주장했다. 북한에 주는 쌀은 군대로 들어간다는 사실이 여러 번 확인되었으므로 그는 敵軍에 군량미를 대주자는 이야기를 한 셈이다. 그는 물론 사드 배치에 반대한다. 북한의 핵 및 미사일에 대한 일본과 한국의 정보를 서로 교환하기 위하여 체결한 한일군사정보보호협정에도 반대한다. 좌편향 국사 교과서 개혁도 반대이다. 이 모두가 북한정권엔 유리하고 대한민국엔 불리한 행동이다.

內亂罪(내란죄)는 국토의 참절 또는 國憲紊亂(국헌문란)을 목적으로 하여 폭동하는 죄(형법 제87조)를 말한다. 여기서 국헌 문란은 〈헌법 또는 법률에 정한 절차에 의하지 아니하고 헌법 또는 법률의 기능을 소멸시키거나, 헌법에 의하여 설치된 국가기관을 강압에 의하여 顚覆(전복) 또는 그 권능행사를 불가능하게 하는 것〉(형법 91조)이다.

문재인은 이날 헌법재판소의 탄핵 결정을 거치지 않고 촛불 부대를 동원, 국가기관인 대통령을 끌어내려 권능행사를 불가능하게 하자고 선동하였다. 대통령의 지지층인 보수 정치세력을 불태워서 없애버리자는 폭동도 선동하였다. 형법 91조의 국헌문란 규정에 딱 들어맞는 행동을 한 것이다. 문재인의 선동에 따라 26만 명의 촛불시위대가 청와대로 몰려가 불을 지른다면 내란이 실행되는 것이다. 문재인이 촛불시위에 가담한 더불어민주당의 前 대표이고 유력 대통령 후보인 점을 감안한다면 내란 선동죄가 적용될 경우 수괴가 될 가능성도 있다.

〈내란죄는 집단범죄의 특질에 비추어 그 관여자를 首魁(수괴), 중요임무 종사자(모의참여·지휘 등), 附和修行者(부화수행자) 및 單純關與者(단순관여자)로 나누고, 각자의 역할에 따라 刑의 輕重(경중)을 두어 최고 사형에서부터 최하 5년 이하의 징역 또는 禁錮(금고)에 처한다. 내란의 목적으로 사람을 살해한 때에는 따로 내란목적 살인죄를 구성하며, 그 처벌은 사형·무기징역 또는 無期(무기)금고이다.(형법 제88조 해설)〉

〈내란죄의 미수범뿐만 아니라 예비·음모와 선동·선전도 처벌한다. 다만, 예비·음모는 실행에 이르기 전에 자수한 때에는 그 형을 減輕(감경)하거나 면제한다.(형법 제89조 및 제90조)〉

내란 선동은 다른 사람에게 말이나 행동 등으로 자극을 줘 정당한 판단을 잃게 해서 내란을 결의하게 하거나 이미 내란 결의를 하고 있는 사람의 결심을 더 강하게 만들면 성립하는 범죄다. 내란 음모보다 더 포괄적인 범죄인 셈이다. 내란 선동죄의 법정형은 징역 3년 이상으로 내란 음모죄와 같다.

문재인의 대통령 타도 선동은 수십 만 군중을 향하여, 촛불로 불을 질러 대통령을 끌어내리자고 한 것이었으므로 실행 위험성이 높았다. 다만 촛불을 든 군중이 냉정을 유지, 문재인의 선동에 따르지 않았을 뿐이다. 문재인에 대한 내란 선동 혐의 적용은 피할 수 없을 것 같다. (2016년 11월26일)

4

檢證: '최순실 사건' 이후, 문재인은 어떤 발언을 해왔나?

趙成豪 · 조갑제닷컴 기자

그간의 발언은 ▲違憲的 주장 ▲말 바꾸기 ▲보수세력에 대한 적대감으로 요약된다.

敵對感

최순실 사건 이후의 문재인 씨의 발언은, ▲違憲的(위헌적) 주장 ▲말 바꾸기 ▲보수세력에 대한 적대감 표출로 요약할 수 있다.

文 씨는 대통령을 압박할 수단으로 '거국(중립)내각', '국회에 의한 총리 추천', '대통령의 고유 권한인 국군 통수권·계엄권 이양' 등을 요구했으나 이는 違憲的 주장이란 게 헌법학자들의 견해였다.

정진석 새누리당 원내대표는, 문재인 씨가 거국중립내각과 관련해 여러 차례 말 바꾸기를 했다며 그것을 정리한 표를 공개했다. 청와대와 새누리당이 文 씨와 야권의 요구를 수용했음에도 말을 바꾸었다는 게 鄭 원내대표와 새누리당의 입장이다.

2016년 11월부터 본격화된 촛불시위 현장에서 그는, 보수세력에 대한 극도의 적대감을 드러냈다. '가짜 보수세력을 불태워 버리자'는 발언이 대표적이다. 문재인 씨는, 촛불집회가 격화되던 시기에 체결된 한일군사정보보호협정도 문제 삼았다. 文 씨는 '졸속' 협상이라고 이를 비판했으나 국방부 자료를 확인한 결과, 그의 주장은 사실과 다른 것으로 나타났다.

文 씨는 외교·안보·통일 분야에도 최순실 씨가 개입했다며 '전방위적 국정농단'이란 표현으로 의혹을 제기했지만, 이는 誇張(과장)이었다. 崔 씨가 개입한 분야는 주로 문화·체육계인 것으로 드러났을뿐, 文 씨의 주장처럼 (崔 씨가) 외교·안보 분야에 개입한 뚜렷한 증거는 검찰 수사를 통해 밝혀진 게 없기 때문이다(2016년 12월2일 기준).

최순실 사건 이후, 문재인 씨의 발언들을 시간순과 각각의 사안별로 정리해 보았다.

"대통령이 초래한 위기가 북핵보다 더 무섭다"는 문재인 씨

2016년 10월24일, JTBC가 최순실 씨의 것이라는 태블릿 PC를 입수해 공개함으로써 소위 '국정농단' 사건이 수면 위로 떠올랐다. 문재인 씨는 그 이튿날부터 박근혜 대통령과 정부를 집중적으로 비난하기 시작했다.

10월25일 文 씨는 자신의 페이스북에 "이건 단순한 권력형 비리가 아닙니다. 國紀(국기)문란을 넘어선 국정붕괴"라고 규정했다. 그는 "최순실 게이트는 이제 대통령과 청와대의 비리가 됐다"면서 ▲최순실 귀국 촉구 ▲우병우 수석 등 청와대 참모진 일괄 사퇴 ▲국정조사·특검 실시 등을 요구했다.

10월26일에는 자신의 페이스북에 "대통령이 초래한 위기가 북핵보다 더 무섭다"고 써 올리며 대통령의 사과와 관련자의 엄중 문책, 대통령이 검찰 수사에 협조할 것을 재차 촉구했다. 그는 거국중립내각 구성도 요구했다. 이날 페이스북에 써 올린 글의 일부이다.

《(대통령은) 당적을 버리고 국회와 협의하여 거국중립내각을 구성하십시오. 국민들이 신뢰할 수 있는 강직한 분을 국무총리로 임명하여, 국무총리에게 국정의 컨트롤타워 역할을 맡기십시오. 거국중립내각으로 하여금 내각 본연의 역할을 다하게 하고, 거국중립내각의 법무부장관으로 하여금 검찰 수사를 지휘하게 하십시오.》

文, 違憲的인 '거국중립내각' 구성을 지속적으로 주장

김상겸 동국대 교수(헌법학)는 "헌법 어디에 거국총리라는 게 있냐"며 "대통령제 下에서는 거국내각이라는 게 존재할 수 없다"고 단언했다. 그는 "거국내각을 구성하려면 정부형태가 바뀌어야 한다. 정치권에서 거론되는 책임총리, 擧國(거국)내각이라는 개념 모두 현행 헌법에서는 불가능한 것들, 다시 말해 위헌적인 것들"이라고 못박았다.

文 씨와 야당의 강경한 입장이 계속되자 박근혜 대통령은, 11월2일 노무현 정권 때 청와대 정책실장을 지낸 김병준 국민대 교수를 신임 국무

총리로 내정했다. 복수의 언론은, 金 총리 내정자를 가리켜 '擧國(거국) 총리'라고 評하며 대통령이 야권의 요구를 수용한 것이란 취지의 보도를 했다.

그러나 문재인 씨는 돌연 대통령의 총리 임명에 비판을 가했다. 文 씨는 11월4일 페이스북에 "총리 지명을 당장 철회하고, 국회 추천 총리 중심으로 거국중립내각을 구성한 뒤 그 내각에 국정운영 권한을 넘기고, 대통령은 국정에서 손을 떼는 것 외에 다른 해법은 없다"고 썼다. 대통령이 야권의 요구를 받아들여 親野(친야) 성향의 인사를 총리로 임명했지만, 文 씨는 이조차도 받아들일 수 없다고 한 셈이다.

'국회가 추천하는 총리'란 제안의 違憲性

문재인 씨는 11월15일 對국민 담화를 발표하고, 대통령이 명예로운 퇴진을 선언하면 그에 협조하겠다는 뜻을 밝혔다. 그 직후 기자들과 가진 일문일답에서도 거국중립내각 구성을 재차 강조했다. 그는 담화 직후, 기자들과 가진 일문일답에서 '국회가 추천하는 총리를 중심으로 한 거국중립내각을 먼저 추진한 후에 대통령이 퇴진하든 2線으로 물러나든지 해야 한다'는 취지의 주장을 했다.

文 씨가 페이스북(11월4일)과 對국민 담화(11월15일)에서 제안한 '국회가 추천하는 총리'란 대목엔 문제의 소지가 있다. 이는 국회(입법부)가 대통령의 고유권한인 총리 임명권을 행사하겠다는 뜻인데, 권력분리 원칙(注: 3권분립)에 어긋나므로 違憲(위헌)에 해당한다는 게 헌법학자들

의 견해다.

김상겸 동국대 교수는, '대통령제 下에서는 입법부와 행정부의 권한이 엄격하게 구분되어 있다. 입법부가 행정부의 권한에 간여하려 한다면, 권력분리 원칙에 위배되므로 위헌에 해당한다'는 요지의 설명을 했다. 金 교수는 '헌법엔 대통령이 궐위 또는 有故 상태가 되면 대통령 권한대행(注: 국무총리)을 둘 수 있는 규정이 있다. 그런 규정이 있는데 입법부가 대통령의 권한을 대신하려 하면 그때부터는 대통령制라는 게 유명무실해진다'고 지적했다.

'전방위적 국정농단 의혹'이란 文 씨의 誇張

박근혜 대통령은 11월4일, 2차 對국민 담화를 발표했다. 이 자리에서 朴 대통령은 1차 對국민 담화(10월25일) 때와 마찬가지로 최순실 사건에 대해 다시금 사과하고, 검찰 수사에 응할 뜻을 내비쳤다.

문재인 씨는 같은 날 페이스북을 통해 "대통령의 담화에는 진정한 반성이 담겨있지 않다. 사과의 수사로 국민의 동정심을 구하고 있을 뿐"이라고 단정했다. 文 씨는 "외교, 안보, 남북관계까지 포함하는 전방위적 국정농단의 의혹에 대해서는 철저하게 진실을 은폐하고 있다"고 주장했다. 현재(2016년 12월)까지 검찰 수사에서 최순실 씨가 외교·안보 분야에까지 개입했는지 여부는 아무것도 밝혀진 게 없다. '전방위적 국정농단 의혹'이란 文 씨의 주장은, 말 그대로 의혹일 뿐 사실과 거리가 먼 誇張(과장)에 가깝다.

'쿠데타 일으킨 사람이 할 수 있는 이야기'

文 씨는 11월9일, 시민사회단체 인사들과 만난 자리에서 "대통령의 고유 권한인 軍 통수권, 계엄권 또는 대법원장과 대법관, 憲裁소장과 헌법 재판관 등을 비롯한 많은 인사권 등 국정 전반을 擧國(거국)중립내각에 맡기고 대통령은 국정에서 손을 떼야 한다"고 촉구했다. 文 씨의 주장과 관련된 헌법 조항은 아래와 같다.

〈**헌법 71조**: 대통령이 闕位(궐위)되거나 사고로 인하여 직무를 수행할 수 없을 때에는 국무총리, 법률이 정한 국무위원의 순서로 그 권한을 대행한다.

헌법 74조 1항: 대통령은 헌법과 법률이 정하는 바에 의하여 국군을 통수한다.

헌법 77조 1항: 대통령은 戰時·사변 또는 이에 준하는 국가비상사태에 있어서 병력으로써 군사상의 필요에 응하거나 공공의 안녕 질서를 유지할 필요가 있을 때에는 법률이 정하는 바에 의하여 계엄을 선포할 수 있다.

헌법 제78조: 대통령은 헌법과 법률이 정하는 바에 의하여 공무원을 任免(임면)한다.〉

上記 헌법 74조 1항과 77조 1항, 헌법 78조를 보면, 대통령에게는 국군 통수권과 계엄권, 공무원 任免權(임면권)이 부여되어 있다. 헌법 71조는, 대통령이 闕位(궐위) 또는 事故(사고)의 경우만 한해 국무총리가 대통령 권한을 代行(대행)하도록 규정해 놓았다.

즉, 이 두 가지 경우를 제외한 다른 이유에 의해 대통령 권한이 이양

되면 그것은 헌법 위반에 해당될 수 있다. 당시는 박근혜 대통령이 정상적으로 업무를 수행하고 있는(궐위, 사고 또는 탄핵을 당한 상태가 아니므로) 상태였다. 따라서 대통령 권한 이양(또는 포기) 자체가 성립할 수 없었다.

헌법학자인 최대권 서울대 명예교수도 文 씨의 주장에 대해 "말도 안 되는 이야기다. 헌법 상 있을 수 없는 일"이라며 다음과 같은 요지의 비판을 했다.

〈(대통령 권한 이양 주장은) 쿠데타 일으킨 사람이 헌법을 무시할 때에나 할 수 있는 이야기지 그걸 어떻게 하나. 국군 통수권은 당연히 대통령이 행사하는 건데 누구더러 (행사)하라는 건가. 문재인 씨가 유력한 대권후보라서 그렇게 말한 것 같은데, 그런 주장을 함부로 해서는 안 된다. 차라리 탄핵소추안을 내서 법리적 절차를 밟거나 아예 대통령을 새로 뽑는 게 나을 것이다.〉

말 바꾸기

당시 정진석 새누리당(現 자유한국당) 원내대표는 2016년 11월11일, 국회에서 열린 원내대책회의에서 거국중립내각과 관련한 문재인 씨의 말 바꾸기를 정리한 표를 공개했다.

이날 정진석 원내대표는, "문재인 前 더불어민주당 대표의 말은 위헌적 주장에다가 들쭉날쭉 사리에도 안 맞다"고 지적했다. 鄭 원내대표는 "아무리 나라가 어려워도 헌법을 어길 수는 없다. 軍 통수권을 총리에게

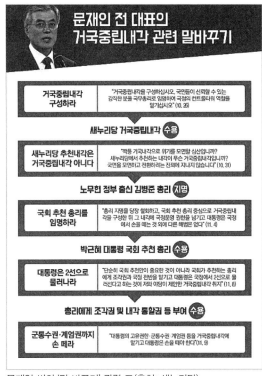

문재인 씨의 '말 바꾸기' 관련 표(출처: 새누리당)

맡겨라, 하야 선언하라는 위헌적 주장이 야권에 난무한다"고 말했다.

鄭 대표가 공개한 표에 따르면, 문재인 씨는 〈거국중립내각을 구성하십시오. 국민들이 신뢰할 수 있는 분을 강직한 분을 국무총리로 임명하여 국정의 컨트롤타워 역할을 맡기십시오〉(10월26일)라는 주장을 했다고 한다. 이후 새누리당이 거국중립내각을 수용하겠다는 의사를 밝히자, 文 씨는 〈짝퉁 거국내각으로 위기를 모면할 심산입니까? 새누리당에서 추천하는 내각이 무슨 거국중립내각입니까?〉(10월31일)라고 말했다고 한다. 親野 성향의 김병준 씨를 총리로 임명하자 文 씨는 〈총리 지명을 당장 철회하고, 국회 추천 중심으로 거국중립내각을 구성한 뒤…〉(11월4일)란 주장을 했다고 한다.

박근혜 대통령이 국회 추천 총리를 수용할 뜻을 내비치자 文 씨는, 〈단순히 국회 추천이 중요한 것이 아니라 국회가 추천하는 총리에게 조각권과 국정 전반을 맡기고…〉(11월8일)라고 주장했다고 한다. 청와대가 총리에게 組閣權(조각권) 및 내각 통할권을 부여하기로 하자 文 씨는 〈대통령의 고유 권한·군 통수권·계엄권 등을 거국중립내각에 맡기고 대통령은 손을 떼야 한다〉(11월9일)고 주장했다는 게 이 표의 내용이었다.

국방부의 反論

11월10일, 문재인 씨는 페이스북에 "박근혜 대통령은 內治뿐 아니라 外治에서도 신뢰를 잃었다"고 단정했다. 文 씨는 "현재 진행 중인 한일군사정보보호협정 역시 이런 시기에 결코 서둘러서는 안 된다"고도 했다. 文 씨는 11월15일 발표한 對국민 기자회견문에서도 "졸속으로 한일군사정보보호협정을 추진하는 등 권력에 대한 미련을 못 버린 채 민심을 거역하고 있다"고 주장했다.

국방부가 내놓은 관련 보도자료를 보면, 文 씨의 주장과 상반되는 부분이 발견된다. '졸속'이란 文 씨의 주장과 달리 국방부는, "2011년 양국 국방장관간 관련 협의를 진행하기로 합의한 후 2012년 체결 직전에 중단되었던 사안"이라고 밝혔다. 약 4~5년 전에도 한일군사정보보호협정을 추진해왔다는 뜻이다. '추진 시기의 문제'란 항목에서 국방부는 다음과 같이 밝혔다.

〈現 정국 상황 및 우리국민의 對日 감정 등과 관련하여 시기의 적절성에 대해 의견이 있었음. 그러나, 국방부로서는 漸增(점증)하는 敵의 위협에 대응하여 국가안보와 국민의 생명을 보호하는 것이 최우선의 과제이며, 이에 따라 다른 어떠한 정치적 고려 없이, 국가안보와 관련된 사안은 국내정치 상황과 분리하여 추진한다는 원칙에 입각하여 좌고우면하지 않고 同 사안을 중단 없이 추진해 왔음.〉 (2016년 11월23일, 국방부 보도자료 발췌)

정치적인 고려 없이 한일군사정보보호협정을 추진해왔다는 설명이다. 文 씨는, '권력에 대한 미련'이란 표현까지 써 가며 마치 정부가 다른 의도로 이 협정을 체결한 것처럼 주장했다.

'가짜 보수 정치세력을 불태워 버리자'

11월 중순에 접어들자 문재인 씨는, 보수세력을 겨냥해 원색적인 비난을 쏟아냈다. 文 씨는 11월19일, 촛불시위가 열리는 부산으로 내려갔다. 그는 부산 서면에서 열린 시국토론회에 참석해 "그동안 국정을 사사롭게 운영하고 국가권력을 사익을 추구하는 수단으로 삼아왔던 정치세력, 경제와 안보를 망쳐놓고 從北(종북) 타령과 색깔론으로 국민을 속여왔던 가짜 보수 정치세력을 이번 기회에 정치판에서 몰아내야 한다"고 주장했다. 그는 朴 대통령을 가리켜 "憲法 사범, 범죄단체 우두머리"라고 맹비난하며 朴 대통령이 '질서있는 퇴진'에 나설 것을 촉구했다(발언출처: 인터넷 〈한국경제〉 2016년 11월19일字).

11월23일 文 씨는 숙명여대를 방문, 학생들과 간담회를 가졌다. 이날 그는 "극우 정치권력과 검찰, 언론, 재벌의 카르텔 중심에 朴 대통령이 있었던 것이지 여성이기 때문에 생긴 문제가 아니다"고 했다(발언출처:

인터넷 〈조선닷컴〉 2016년 11월23일字).

'보수세력 비난' 발언은 11월26일 촛불집회 현장에서도 나왔다. 文 씨는 이날 서울 종로구 청계광장에서 열린 '박근혜 대통령 퇴진 결의대회' 인사말에서 "국가권력을 私益(사익) 추구의 수단으로 삼아온, 경제를 망치고 안보를 망쳐온 가짜 보수 정치세력을 거대한 횃불로 모두 불태워 버리자"고 했다(발언출처: 인터넷 〈일요신문〉 2016년 11월27일字).

문재인 씨는 11월29일에도 비슷한 발언을 했다. 文 씨는 이날 국회 의원회관에서 열린 '2017 국민통합과 정권교체를 위한 국민통합위원회 출범식'에 참석해, "보수 정치세력이 개헌을 매개로 한 정계개편으로 정권연장을 획책하고 있다"고 주장했다. 文 씨는 "촛불집회는 썩어빠진 보수 정치세력에 대한 준엄한 심판"이라고도 했다. 그는 "朴 대통령과 가짜 보수세력의 특기가 바로 국민 분열"이란 말도 했다(발언출처: 인터넷 〈헤럴드경제〉 2016년 11월29일字).

뇌물죄 단정

문재인 씨는 12월2일 TBS 라디오 '김어준의 뉴스공장'이란 프로그램에 출연해 대통령의 혐의 가운데 뇌물죄가 분명하다는 요지의 입장을 보였다.

〈김어준 : 그럼 대통령의 각종 혐의에 대해선 어떻게 생각하십니까. 뇌물죄가 지금 빠져있는데.

문재인 : 네. 지금까지 검찰이 발표 내용에 대해서 뇌물죄까지, 분명

하죠. 뭐 움직일 수 없는 그런 탄핵 사안입니다. 탄핵 사유가 차고 넘치죠.〉 (출처: TBS 라디오 홈페이지)

2016년 11월20일, 검찰 특별수사본부(본부장 이영렬)는 최순실 사건에 대한 중간 수사결과를 발표하면서 최순실·안종범·정호성 등의 범죄 혐의 중 일부에서 대통령과 공모한 부분이 있다고 밝혔다. 대통령을 직권남용 등의 혐의로 被疑者(피의자)로 입건했다고도 했다. 검찰은 그러나 헌법 84조의 불소추 특권에 의해 대통령을 起訴(기소)하지는 않았다고 덧붙였다.

대통령 측 변호인인 유영하 변호사는 검찰의 중간 수사발표 직후 발표한 '당부 말씀'에서, "검찰 공소장에 기재된 대통령의 관여 여부나 공모 기재는 대통령에게 아무런 법적 효력이 없다. 대통령을 조사하지 않은 채 작성된 것이어서 사법기관의 최종 판단 없이는 법률상 무의미하다. 공소장 내용은 확정된 사실도 아니므로 특검의 수사와 사법기관의 최종 판단을 거쳐야 비로소 사실관계와 法理(법리)가 확정되는 것"이라고 밝혔다. 유 변호사는 "대통령은 기소되지 않았고, 헌법(제27조제4항)상 당연히 무죄로 추정된다"고 덧붙였다.

▲'피의자'라는 용어가 '범죄 혐의는 받고 있으나 기소되지는 않은 사람'이라는 의미(출처: 동아 새국어사전)란 점 ▲특검의 수사가 아직 남아 있다는 점 ▲무죄 추정 원칙을 적용해야 한다는 점 등 객관적인 사실에 비추어보아, 現 시점에서 대통령에게 죄가 있다고 단정한 듯한 文 씨의 주장은 다소 섣부르다고 볼 수 있다. (2016년 12월2일)

5

"탄핵 기각하면 혁명밖에 없다"

趙甲濟

文재인 씨가 노리는 바는 국민들의 생명과 재산이 위험해지도록 하는 것, 국민들의 안전에 필수적인 한미일 동맹을 해체로 몰고 가는 것, 그리하여 김정은의 핵미사일이 한국을 인질로 잡도록 돕는 것이라고 이해할 수밖에 없다.

문재인 더불어민주당 전 대표는 2016년 12월15일 한국프레스센터에서 열린 외신기자클럽 초청 간담회에서 '사드(THAAD·고고도미사일방어체계) 배치 문제는 다음 정부로 미루는 것이 옳다'고 말했다. 한·일 위안부 합의, 한·일 군사정보보호협정(GSOMIA) 등 그간 박근혜 정부가 추진해 온 다른 외교 정책도 사실상 재검토하겠다는 뜻을 확실히 하였다.

한일군사정보보호협정 체결과 사드 배치는 북한의 핵미사일 위협으로부터 국민의 생명과 재산을 지키기 위한 조치로써 박근혜 대통령의 공적이다. 문재인 씨는 대통령에 대한 탄핵이 정책에 대한 탄핵인 줄 착각하고, 또 유권자들이 좌경화한 것으로 오해하고 이런 엄청난 이야기를 쏟아낸 것 같다.

한국은 김정은의 핵위협에 노출되어 있다. 北에는 김정은의 핵미사일

발사를 막을 사람이 없고, 한국엔 막을 방법이 없다. 시급히 방어망을 만들어야 하는데 이마저 못하게 하겠다면 문재인은 한국인 5000만 명이 김정은의 핵폭탄을 맞고 沒死(몰사)해도 좋다는 생각을 갖고 있다고 볼 수밖에 없다. 그렇게 볼 수밖에 없는 것은 그가 사드 배치를 반대하는 대신에 내어놓는 실질적 北核 방어 대안이 전무하다는 점이다(대화와 협상을 강조하지만 이미 실패한 전략임이 확인되었다).

'사드는 필요 없다. 미국의 전술핵을 재배치하자'라고 하든지 '우리도 핵무장을 하는 수밖에 없다'고 해야 사드 배치 반대가 利敵 의도가 아니라는 증거가 될 것인데 그는 오로지 대한민국엔 불리하고 김정은에겐 유리한 주장만 이어가고 있다.

한국과 미국이 합의하고 장소도 확정된 사드 배치를 다음 정권이 반대하고 나선다면 한미동맹은 해체의 길로 접어들 것이다. 미국의 여론이 反韓化(반한화)되면 트럼프는 주한미군을 철수시킬지 모른다. 이는 문재인 씨가 노리는 결과일 것이다. 한국과 일본 정부가 체결한 협정을 한국이 일방적으로 파기한다면 韓日관계는 파탄날 것이고 이는 우리의 對北 억제력을 약화시킨다. 한국과 일본의 심각한 不和(불화)는 韓美日 동맹 관계를 뒤흔든다. 이 또한 문재인 씨가 원하는 바일 것이다.

문재인 씨가 노리는 바는 국민들의 생명과 재산이 위험해지도록 하는 것, 국민들의 안전에 필수적인 한미일 동맹을 해체로 몰고 가는 것, 그리하여 김정은의 핵미사일이 한국을 인질로 잡도록 돕는 것이라고 이해할 수밖에 없다. 12월17일자 조선일보는 이렇게 보도하였다.

〈더불어민주당 前 대표의 발언 수위가 계속 높아지고 있다. 문 전 대표는 16일 도올 김용옥 씨와 가진 한 월간지 인터뷰에서 헌법재판소가 탄핵 기각 결정을 내릴 경우 어떻게 할 것인지를 묻자 '국민들의 헌법 의식이 곧 헌법'이라며 '상상하기 어렵지만 그런 판결을 내린다면 다음은 혁명밖에는 없다'고 했다. 문 전 대표는 '만약 대통령에 당선돼 북한과 미국 둘 다 갈 수 있다면 어딜 먼저 가겠느냐'는 질문에는 '주저 없이 말한다. 나는 북한을 먼저 가겠다'며 '단지 사전에 미국, 일본, 중국에 충분한 설명을 할 것'이라고 했다. 문 전 대표는 '반칙과 특권을 타파할 것이다. 친일 청산·독재 청산을 아직도 못 했는데 단호한 응징을 감행할 것'이라고 했다.〉

문재인의 上記 발언(헌재의 결정에 불복, 혁명을 해야 한다는 주장)은 헌법을 무시하고 헌법기관(대통령, 헌법재판소, 국회 등)을 폭력적 방법으로 無力化(무력화)시키려는 國憲(국헌)문란 행위의 선동이다. 형법의 내란선동에 해당한다. (2016년 12월16일)

6

통진당 해산시킨 헌법재판소에 대한 불만

金松 · 조갑제닷컴 회원

'만약 탄핵을 기각하면 민중혁명을 일으켜 헌재를 응징하겠다'는 협박이다. 남한을 아직도 독재청산을 못한 나라라고 비난하면서도, 북한의 독재에 대해서는 눈을 감는다.

'탄핵기각하면 다음은 혁명밖에 없다.' 문재인의 발언이다(2016년 12월 17일자 조선일보 보도). 이번 최순실 사태에서 끝없이 말을 바꾼 사람이 문재인이다. 대통령에게 정권을 내놓으라고 反헌법적인 발언을 하기도 했다. 그러다 급기야 대한민국의 사법체제를 부인하는 上記 발언을 하기에 이르렀다. '탄핵이 기각되면 혁명을 하겠다'는 소리는 내란죄에 해당한다. 혁명 후에 제1차 숙청대상은 당연히 기각을 한 헌법재판소 판사들이다. 헌재 판사들은 뒷골이 서늘할 것이다.

문재인은 혁명가적 기질이 있다. 그가 지도자로 있던 민주당은, 혁명기구(RO · revolutionary organization)를 만들어 대한민국을 뒤엎으려 하다 체포되고 해산당한 이석기와 통합진보당과 연합하여, 19代 총선에서 이석기 등 주사파 세력을 국회의원으로 만들어주었다. 인권변호사란 사람이, 전대미문의 규모로 60년 넘게 장기간 유린되고 있는, 북한인권에는 눈을 감는다. 그는, 노무현 대통령 비서실장을 지낼 때, 유엔의 북한인권 결의안에 북한의 의사를 물어보고 북한이 반대하자 기권해버렸다고 한다. 그가 한 反인륜적인 행위는 당시 외교부 장관의 회고록으로 폭로되었지만 탄핵정국에 묻혀버렸다.

　민족주의를 표방하는 사람이, 북한 동포들이 공산독재자 밑에서 신음하는 것에 대해서는 눈을 감고 입을 닫는다. 기쁨조로 뽑혀 김일성·김정일·김정은 배불뚝이 삼부자에게 성폭행을 당하는 수많은 북한 처녀들의 인권에는 입도 열지 않으면서, 성폭행범 金 씨 三父子(삼부자)에게는 단 한 마디 비판도 없으면서, '대통령이 세월호 침몰 당일 낮에 청와대로 외간남자를 끌어들여 ○○했다'고 날조해 비방하는 걸 방치한다. 강제노동소에서 비참하게 연명하고 있는 수천 명 국군포로들의 인권에 대해서는, 단 한 마디 언급도 안 한다. 남한을 아직도 독재청산을 못한 나라라고 비난하면서도, 북한의 독재에 대해서는 눈을 감는다.

　이들이 이런 행동을 하는 이유는 민주당 안에 젊은 시절 주사파였던 사람들이 많이 있기 때문이다. 이들은 한 번도 커밍아웃하거나 반성하거나 공개적으로 사상전향을 한 적이 없다. 선량한 국민은, 무엇이, 어떤 괴물이, 이들 마음속에 숨어있는지 모른다. 아마 혁명의 의지일 것이다. 임수경이 1989년에 북한으로 밀입북한 뒤 김일성의 포옹을 받는 등 열렬한 환영을 받으며 평양의 100만 대중 앞에서 한 연설을 유튜브로 한 번 들어보라. 혁명의 열기란 어떤 것인지 바로 느낄 수 있다.

　문재인이 박근혜 대통령을 증오하는 이유는 대통령이 세월호 참사에 책임이 있다고 믿어서도 아니고, 최순실과 공모해 수뢰했다고 믿어서도 아니다. 문재인의 '탄핵이 기각되면 다음은 혁명밖에 없다'는 발언은 통진당을 해산 심판한 헌재에 대한 불신이다. 헌재 해산심판으로 인해 발생한, 연합공천 동지인 통진당원 이석기와 이정희의 국회의원직 박탈에 대한, 촛불 100만 개보다도 더 뜨거운, 용암과 같은 분노이다. '만약 탄핵을 기각하면 민중혁명을 일으켜 헌재를 응징하겠다'는 협박이다. 대한민국 '민주주의 체제'의 근간인 사법체계를 뒤흔드는 발언이다. (2016년 12월17일)

7

조선일보 社說,
"문재인 씨의 주장은 헌법 불복 선동"

정리·趙成豪

'(文 씨의 주장은) 법치국가의 사법 질서를 송두리째 부정하는 말… 만약 대통령이 이 말을 했다면 탄핵소추 논란 불렀을 것'

조선일보가 社說(사설)을 통해 그간의 문재인 씨 발언을 비판했다. 2016년 12월19일字 사설에서 조선일보는, 文 씨의 '혁명이 완성될 때까지 촛불을 내려서는 안 된다'(18일 울산 촛불집회), '(헌법재판소가 탄핵소추안을 기각하면) 그 다음은 혁명밖에 없다'(월간중앙 인터뷰)는 발언에 대해 〈법치국가의 사법 질서를 송두리째 부정하는 말로써 만약 대통령이 이 말을 했다면 탄핵소추 논란을 불렀을 것〉이라고 비판했다.

사설은, 〈문 전 대표는 최순실 국정 농락 사태가 시작된 이후 점차 발언 수위를 높여 '가짜 보수를 횟불로 모두 태워버리자' '국가 대청소가 필요하다' 같은 주장을 쉽게 하고 있다〉고 지적했다.

〈문 전 대표는 지지율 1위 대선주자다. 그런 위치의 사람으로선 적절치 않은 발언이 너무 많다. 헌재가 어떤 결정을 내릴지는 누구도 알 수 없고 그 결과에 모두 승복해야 한다. 이것이 우리 자유민주주의의 기본 질서다. 문 전 대표 주장은 헌법 불복 선동이다. 자신의 생각과 다른 사람들도 이 나라 국민이다. 태워버린다 같은 말을 하는 것은 국민에 대한 예의가 아니다.〉

사설은 〈문 전 대표는, 요즘 최순실 사태가 언론의 감시 잘못 때문이라는 식의 말도 하고 있다〉고 지적했다. 이어지는 비판이다.

〈이번 사태는 처음부터 끝까지 언론이 파헤친 것이다. 언론은 문 전 대표와 같은 정치인들이 가진 법적인 조사 수단을 전혀 갖고 있지 않다. 그런 언론이 취재 보도해 드러난 사태에 문 전 대표 같은 정치인들은 무임승차했다. 사죄해도 모자랄 사람들이 남 탓을 한다.〉

사설은, 〈문 전 대표가 연일 강성으로 나서는 것은 이재명 성남시장과의 경쟁 때문이라고 한다. 두 사람은 대선을 자극적 주장이 아닌 정책 대결의 무대로 만들어주기 바란다〉고 덧붙였다. (2016년 12월19일)

문재인은 '혁명'을 아는가?

趙甲濟

趙甲濟 대표의 TV조선 對談 요지: '탄핵 기각하면 혁명을 일으킨다고 헌법재판관들을 압박하는 것. 강제로라도 내란선동적 발언 중단시켜야.'

한국인들은 혁명이란 말을 좋아한다. 혁명이든 쿠데타이든 憲政질서 중단이란 점에서는 같다. 혁명은 정권뿐 아니라 체제를 바꾸는 것이다. 한국 현대사에서 진정한 혁명은 두 번 있었다. 하나는 1948년 8월15일 자유민주주의 체제의 국민국가를 세운 혁명이다. 조선조와 식민통치의 舊체제를 청산하고 국민이 주권자가 된 새로운 체제를 세운 것이다. 두 번째는 5·16군사혁명이다. 군인들이 주도하여 士農工商(사농공상)의 신분질서를 바꾸고 기업인, 군인, 과학자, 기술자가 역사의 새 주역으로 등장, 경제개발을 통하여 민주주의가 기능할 수 있는 바탕을 만들었다.

문재인 씨는 혁명이 불가능한 조건에서 혁명을 주장한다. 정색을 하고 따질 필요가 있다. 그는 탄핵소추가 기각되면 혁명뿐이라는 이야기를 함으로써 헌법재판관들을 압박하려 한다고 볼 수밖에 없다. 이는 일종의 사법방해 행위이다.

문재인 세력이 주도권을 잡은 더불어민주당에선 지금 촛불혁명 운운하면서 박근혜 정부의 정책까지 바꾸겠다고 한다. 정권을 잡은 뒤에나 할 수 있는 일들이다. 한편으로 문재인 씨는 정치인들에게 맡겨놓을 게 아니라 시민들이 혁명을 하자고 한다.

미우나 고우나 國政(국정)은 정치인들에게 맡겨야 한다. 그러지 않고 시민들이 직접 國政을 운영하겠다고 한다면 이는 헌법위반이다. 문재인 씨의 이념적 성향에 비추어 그가 지향하는 혁명은 좌익혁명, 계급혁명적 요소가 강하다. 민중혁명론이다. 국민이 아닌 민중이 정권을 잡겠다는 것이다. 이 민중주권론은 위헌이다. 왜 문재인 씨는 저런 이야기를 계속하는가? 이는 그의 이념적 소신으로 봐야 한다. 내란선동에 가까운 이런 이야기를 못하게 해야 한다. 강제로라도.

대통령이 되면 북한에 먼저 가겠다고 한다. 왜 동맹국인 미국이 아닌 反국가단체이고 敵인 북한정권을 또 찾아가나. 김대중도 노무현도 평양에 갔는데, 왜 또 가나. 만나고 싶으면 서울이나 판문점에 오라고 해야지. 우리가 조공을 바칠 일이 있나. 여러 가지를 종합하면 문재인 씨는 이른바 조선민주주의인민공화국을 대한민국보다 더 높게 보는 것 같다. (2016년 12월20일)

9

문재인과 히틀러

趙甲濟

親北, 親中, 反美, 反日, 反韓, 反法노선을 뒷받침하는 것은 민족주의로 위장한 인종주의와 민주주의로 위장한 계급투쟁론이다. 히틀러의 인종주의보다 더 나쁜 것은 同族인 한국 보수를 불태워 타도해야 한다고 주장하기 때문이다.

1. 문재인 씨는 북한의 핵무기 공격으로부터 한국과 미군의 생명을 지켜줄 사드 배치를 중국에 물어보고 결정해야 한다는 태도이다. 親中反美이다.

2. 그는 유대인 학살을 방불케 하는 북한정권의 인권탄압 문제를 유엔이 규탄하는 데 동참할 것이냐 아니냐에 대하여도 북한에 물어보고 정하자는 입장이었다고 한다(송민순 당시 외교통상부 장관 증언). 親北이다.

3. 그는 북한의 핵위협으로부터 한국과 일본을 지키는 데 도움이 되는 한일군사정보보호협정에 반대한다. 親北, 反韓, 反日이다.

4. 그는 부산의 일본 영사관 앞에 불법설치물인 소녀상을 세우려는 것을 저지한 정부기관을 비난하였다. 대통령이 되어 이런 조치를 밀고 나

간다면 韓日관계는 파탄이 나고 韓美日 동맹도 약해질 것이다. 反日, 反法이다.

5. 그는 보수를 불태워버리자고 선동하고 대한민국의 근본을 바꿔야 한다면서 헌법기관인 헌재가 대통령 탄핵 소추를 기각하면 혁명을 해야 한다고 주장한다. 법치민주주의에 대한 반역 선언이다.

6. 문재인의 노선을 요약하면 親北, 親中, 反美, 反日, 反韓, 反法이다. 이런 노선에 깔린 두 개의 이념은 민족주의로 위장한 인종주의이고 민주주의로 위장한 계급투쟁론이다. 인종주의로 북한정권을 편들고 미국과 일본에 반대하며 계급투쟁론으로 국가와 國法을 무시한다.

7. 북한정권은 히틀러 같은 학살집단이지만 同族이므로 무조건 편들어야 하고, 일본은 우방국이고 민주국가이지만 異民族이므로 무조건 반대해야 한다는 생각은 민족주의가 아닌 인종주의인데 이는 히틀러의 아리안 우월주의 및 유대인 학살의 논거와 통한다. 그러면서도 같은 민족인 한국의 보수층을 불태워 타도해야 한다고 주장하는 것은 인종주의보다 더 나쁜 계급적 인종주의자임을 시사한다.

同族(동족)이라도 같은 편이 아니면 말살의 대상으로 삼겠다는 것이다. 이는 북한정권의 민족론과 일치한다. 북한정권은 김일성에 충성하는 민족만을 민족의 범주에 넣는다. 김일성식 민족주의는 히틀러의 인종주의보다 더 나쁘다. 그래서 문재인은 韓民族에겐 히틀러보다 더 위험하다. 국가, 법치, 인권, 자유, 인륜에 반하기 때문이다. 그가 자유민주주의 체제의 혜택을 다 누리면서 이런 행동을 한다는 점에서 히틀러보다 더 부도덕하다. (2017년 1월6일)

10

反日 선동

趙甲濟

국가기관의 공권력 집행을 親日로 매도!

문재인 씨는 요사이 정권을 다 잡은 것처럼 행동한다. 작년 12월28일엔 부산 동구청이 일본 총영사관 앞에 허가 없이 설치된 소녀상을 철거한 데 대하여 맹비난하였다. 국가기관의 공권력 집행을 '친일'이라고 매도하였다. 동구청은 문재인 세력 등의 공격에 굴복, 소녀상을 돌려주고 불법 설치를 허용하였다. 이에 반발한 일본이 한국 주재 대사와 부산 총영사를 소환하고, 진행 중이던 통화 스와핑 협상도 중단시켰다.

소녀상 설치는 종군위안부 문제 해결을 위한 韓日합의정신 뿐 아니라 국내법에 위반된다. 박근혜 정부가 무력화된 틈을 타서 공권력이 무조건적 반일세력에 굴복, 법이 짓밟히는 사태를 방치, 결국 외교문제를 스스로 만들고 말았다. 한일관계 악화는 북핵 대응에 필수적인 韓美日동맹 균열로 간다. 무조건적 反日 세력은 이를 노릴 것이다. 그들에게 反日은 문재인이 말한 독립선언이 아니라 反美의 한 방편이다. 이런 반일 선동에 문재인이 가담하고 조·중·동이 침묵하거나 동조하는 사이에 한미일 동맹과 경제적 國益(국익)이 손상 받게 생겼다. (2017년 1월6일)

11

불법 설치물을 막는 게 親日이고
세우는 게 독립선언이라니!

證人 · 조갑제닷컴 회원

이런 역사 인식이라면 한국인은 영원히 日帝를 벗어나지 못하는 정신적 불구자 신세가 된다.

〈문재인 페이스북 : (2016년 12월28일 오전 6:24) 소녀상은 살아있는 역사교과서입니다. 부산 시민들의 소녀상 설치는 진정한 독립선언입니다. 부산동구청과 그 배후 세력은 설치를 두려워합니다. 청산되지 못한 친일행위와 다름없습니다. 소녀상에는 국가를 대신해 위안부 할머니들의 고단한 삶을 위로하는 국민들의 마음이 담겨있습니다. 부끄러운 역사를 딛고 당당한 나라로 나가는 희망이 담겨있습니다. 부산동구청은 즉시 소녀상 설치를 허가하십시오. 적폐를 청산하고 새로운 시대를 열고자 하는 부산 시민들의 손을 잡으십시오.〉

2016년 12월28일 민간단체가 부산 주재 일본 영사관 앞에 '위안부 소녀상'을 설치했다. 관할 동구청이 불법이라며 이를 철거했다. 문재인 전 민주당 대표가 나섰다. 동구청의 철거 조치를 '친일'이라고 비난하고 '부산 시민들의 소녀상 설치는 진정한 독립선언'이라고 했다. 시민들까지 가세하자 동구청장은 공식적으로 사과했고, 결국 이 소녀상은 다시 설치되어 같은 달 31일 제막식까지 가졌다.

몇 가지 문제 : 차기 대통령을 꿈꾸는 사람이 불법행위를 '독립선언'이라고 했다. 불법을 옹호하는 그 자체도 문제지만 독립선언이라면 누가 누구로부터의 독립을 말하는 것인가? 우리가 아직 日帝로부터 독립하지 않은 상태인가? 이런 역사 인식이라면 한국인은 영원히 日帝를 벗어나지 못하는 정신적 불구자 신세가 된다. 또한 동구청장은 불법을 막았다가 왜 줏대없이 다시 허용했는가? 그것도 사죄까지 하면서. 이러니 나라가 자꾸 한쪽으로 기울어져 갈 수밖에 없는 것이다.

문재인의 이 같은 법 경시 감정이나 역사를 대하는 인식 수준은 박근혜가 최순실의 보조를 받는 것보다 훨씬 심각한 문제다. 이런 사람이 만약 대통령 된다면 어떤 일이 벌어질지 알 수가 없다. 그는 요즘 '혁명'이란 단어를 자주 사용한다. 머릿속은 이 생각으로 꽉 차 있는 듯하다. 혁명? 우리 국민들은 이 말이 무엇을 뜻하는지 곰곰이 생각해봐야 할 것이다. 진보도 좋고 개혁도 좋지만 위험한 선택은 안 하는 게 상책이다. (2017년 1월6일)

12

민정수석의 전화 한 통과
59억 원 수임료

趙甲濟

피해자 10만 명에 이르는 사상최대의 금융사기인 저축은행 사건은 문재인 민정수석의 선처 요망 전화가 없었더라면 막을 수 있었다. 그가 공동소유하였던 법무법인은 문제의 부산저축은행으로부터 단순 빚 독촉 일로 59억 원을 받았다. 대가성 거래가 아닌가?

1. 문재인 당시 민정수석이 부산저축은행 측 부탁 받고 검사 중인 금감원 책임자에게 선처 부탁성 전화.
2. 금감원, 영업 정지되었어야 할 비리 발견하고도 부산저축은행에 기관경고 등 가장 느슨한 처벌 내림.
3. 그 뒤 문재인이 공동소유했던 법무법인, 부산저축은행으로부터 단순한 빚 독촉 업무로 59억 원(노무현 정권 시절)의 수임료를 받음.
4. 文의 전화를 받았던 금감원 국장도 부산저축은행에 정보 제공하고 2억 원 받아 실형.
5. 부산저축은행 영업정지로 6조 원대 피해 발생.

누가 누구를 비판하나?

문재인 더불어민주당 전 대표는 17일 《대한민국이 묻는다》라는 저서

소개문에서 험한 말을 쏟아냈다. 그는 '가장 강렬하게 하고 싶은 말은 우리 정치의 주류 세력들을 교체해야 한다는 당위성'이라며 '그래서 대청산, 대개조, 시대 교체, 역사 교체, 이런 식의 표현들을 한다'고 했다. 文 씨는 보수세력을 매도하였다.

'해방 때 친일 역사가 제대로 청산되고 독립운동 정신을 기렸어야 사회 정의가 바로 서는 것이었다'며 '독재 군부 세력과 안보를 빙자한 사이비 보수 세력은 민주화 이후에도 우리 사회를 지배해 나가고 그때그때 화장만 바꾸었다'는 것이다. 그는 '친일에서 반공으로 또는 산업화 세력으로, 지역주의를 이용한 보수라는 이름으로 이것이 정말 위선적인 허위의 세력들'이라며 1987년 6월 항쟁 이후 민주 정부가 들어섰다면 독재나 그에 부역했던 집단들을 제대로 심판하고 상식적이고 건강한 나라가 됐을 것'이라고 했다.

운동권 수준의 역사 인식이다. 반공과 친일, 산업화와 보수를 하나의 세력으로 규정한 문 前 대표는 '박근혜 정부뿐만 아니라 이명박 정부에서도 국가 권력을 私的(사적)인 목적으로 사용하는 일들이 많았다'며 '할 수 있는 한 심판하고 책임을 물어야 한다'고 했다. 권력을 私的으로 사용한 이를 심판하고 책임을 물으려면 文 씨는 자신부터 먼저 심판하는 게 옳다. 아래 기사를 읽으면 이 주장이 이해될 것이다.

전화가 없었더라면…

더불어민주당 민병두 의원(당시 민주통합당, 동대문乙)은 2012년 대선 기간 중 문재인 후보에게 불리한 자료를 공개한 뒤 오히려 박근혜 후보에게 사과를 요구한 적이 있었다. 그는 금융감독원과 예금보험공사로부터 받은 자료를 토대로 저축은행사건의 '지역별 피해현황'을 분석한 결과, 예금자 보호대상이 되지 못하는 5000만 원 초과자의 피해가 가장 큰 곳은 부산으로 드러났다고 밝힌 것이다.

영업정지 저축은행 20곳의 5000만 원 초과 예금 전체 피해자(7만651명) 중 부산시민이 32.5%(2만2933명)로 가장 많았고 그 다음은 서울 32.1%(2만2705명), 경기도 17.0%(1만2044명)였다. 부산의 피해가 '압도적으로' 많다는 것을 알 수 있는데 부산은 전국 인구의 7.0%이지만 피해자 비율은 32.5%였다.

민병두 의원 측은 저축은행 사태로 국가와 사회가 부담해야 할 비용은 50조6134억 원이라고 주장하기도 하였다. 이러한 금액은 ▲5000만 원 초과 예금자 피해 ▲후순위채 피해 ▲(부실정리를 위한) 예금보험공사 투입 비용+그 이자 비용+예보 추가투입 예상비용+그 이자 비용의 합계였다. 이런 자료를 공개한 민 의원은 "새누리당 박근혜 후보는 부산시민이 최대 피해를 본 사건이자, 동시에 11만 명에 달하는 서민들에게 '피눈물'을 흘리게 만들었던 저축은행 피해자들에게 진심어린 사과를 해야 할 필요가 있다"(NSP통신 보도)고 강조했다고 한다.

필자는 민 의원이 문재인과 박근혜를 혼동한 게 아닌가 해서 기사를 몇 번이나 다시 읽었다.

역사상 最惡(최악), 最大(최대)의 금융사기인 저축은행 사건은 문재인 당시 청와대 민정수석의 전화 한 통화가 없었더라면 2003년에 막을 수 있었을지 모른다.

그 뒤 검찰 수사로 공개된 부산저축은행의 사기 수법은 2003년에 금융감독원이 이 은행을 검사하였을 때 이미 밝혀냈던 범죄행태였다.

금융사기단

월간조선 이정현 기자는, 금감원이 2003년 7월7일부터 17일까지 부산 및 부산2저축은행(부산저축은행 계열사)에 대한 검사를 실시한 뒤 작성한 특별검사 歸任(귀임)보고서의 내용을 공개하였다. 금감원이 다음과 같은 부산저축은행의 비위사실을 적발했다는 것이다.

〈부산저축은행은 ▲타인명의 이용 대출 등 변칙적인 방법에 의한 자금조성 및 시세조종 등 자금 불법운용 ▲주식취득신고 등 불이행 ▲배당금 부당 지급 ▲동일인 대출한도 초과 지급 ▲여신 부당 취급 ▲거액대출한도 초과 취급 ▲資産(자산)건전성 분류업무 불철저 등이 적발됐다. 부산2저축은행은 ▲他人(타인)명의 이용 대출 등 변칙적인 방법에 의한 자금조성 및 모 회사 주식취득 등 자금 불법운용 ▲동일인 대출한도 초과 취급 ▲여신 부당 취급 ▲거액대출한도 초과 취급 ▲자산건전성 분류업무 불철저 등이 적발됐다.〉

위에 적시된 비리는 너무나 종합적이고 구조적이고 노골적이라 부산저축은행은, 금융기관이 아니라 금융사기단이라고 부르는 게 정확할 것이다.

문제는 이런 비리가 덮였고 시정도 되지 않았다는 점이다. 금감원이

2003년에 이런 어마어마한 부정을 밝혀내고 영업정지, 검찰고발을 하였더라면 부산저축은행 그룹이 국가와 사회에 끼친 6조 원의 피해는 물론이고, 다른 저축은행에 대한 조사로 확대되어 50조 원의 총피해도 방지할 수 있었을 것이고, 약 10만 명의 피해자(후순위 채권자 포함)도 생기지 않았을 것이다.

그런데 당시 금감원은 부산저축은행의 중대한 비리를 파악하고도 '임원 문책 요청' 및 '기관 경고'라는 가장 낮은 단계의 처벌을 하고 넘어가 버렸다. 이에 대하여 월간조선 2012년 11월호는 이렇게 보도하였다.

〈'금융산업의 구조개선에 관한 법률' 제10조는 부실·비리 금융기관에 대한 조치방법에 대해 규정하고 있다. 높은 단계가 합병 또는 다른 금융기관에 인수, 영업정지 등이라면 가장 낮은 단계가 금융기관 및 임직원에 대한 문책 요구이다.〉

금융감독 기관에서 수십 년 일하고 현재 대학에서 교수직을 맡고 있는 A 씨는 당시 금융감독원의 조치에 대해 이렇게 평가했다.

〈"당시 지적사항을 볼 때 당연히 영업정지를 시켰어야 합니다. 서민들이 은행에 맡긴 돈으로 부산저축은행이 사기를 쳤다는 것이 밝혀졌는데 가만히 둔 것이 이해가 되지 않습니다. 기관경고, 임원 문책한다고 해서 고객들은 이를 알 수 없습니다.

금감원은 은행의 不實(부실)을 고객에게 알릴 의무가 있음에도 책임을 회피한 것이죠. 또 저축은행은 주주가 實權(실권)을 갖고 있어서 이사 등 임원은 허수아비입니다. 이들을 징계한다는 것은 아무런 의미가 없습니다. 솜방망이 처벌입니다."〉

문재인 민정수석의 전화 : "신중 처리 요망"

조남희 금융소비자원 대표는 "기관경고 등 금감원의 조치는 향후 문제가 될 때 책임을 회피하기 위한 '면피용'으로 실질적인 대책이 되지 못했다"며 "부실 저축은행 정리를 제대로 하지 않고 일시적으로 사태를 무마시키는 폭탄돌리기를 계속해 결국 2011년 부산지역 서민들에게 엄청난 고통을 안긴 저축은행 사태를 촉발시켰다"고 말했다(월간조선 2012년 11월호).

검찰 수사 발표문: 〈영업정지된 부산저축은행그룹 비리 전반에 대한 수사를 통해 대주주 등 신용공여, 자기대출과 업무상 임무에 위배한 부당 대출 등 6조315억 원 규모의 불법 대출(자기 대출 4조5942억 원, 부당 대출 1조2282억 원, 사기적 부정거래 2091억 원)을 비롯하여 3조 원대의 분식회계와 112억 원의 위법배당 등 저축은행의 구조적 비리를 적발하였다.〉

이런 천문학적인 규모의 금융사기는 2003년에 적발된 비리가 시정되지 않고 커진 결과이다. 왜 이런 일이 일어났는가? 부산저축은행 측으로부터 부탁을 받은 노무현 정권의 당시 실세 문재인 민정수석 비서관은 금감원의 부산저축은행 검사 책임자에게 전화를 걸어 선처를 부탁하였다(검찰 결정문). 이 전화 한 통이 문제의 발단이란 의혹이 제기된다.

문재인 민주당 대통령 후보가 25%의 持分(지분)을 가졌던 법무법인 부산은, 2012년 3월 文 수석이 부산저축은행에 대한 금감원 조사를 무마해준 뒤 '부산'이 이 은행으로부터 59억 원의 수임료를 받았다는 요지의 주장을 한 새누리당 이종혁 전 의원을 출판물에 의한 명예훼손으로 고소했었다. 이 사건을 담당한 부산지방검찰청은 2012년 8월30일 피고소인 이종혁에 대하여 '혐의 없음(증거불충분)'으로 결론 내렸다. 월간조선 기자는 부산지검의 불기소 사건기록 및 불기소 결정서를 입수, 2012년 11월호에 실었다. 다음은 검찰 결정서의 핵심 부분이다.

〈*문재인 후보가 2003년 청와대 민정수석을 할 당시 부산저축은행 그룹 조사를 담당한 금감원 유 모 국장에게 전화해 압력을 행사한 의혹이 있다는 부분.

"유병태(금감원 전 비은행 검사1국장), 박형선(부산저축은행 그룹 대주주)의 진술에 의하면 2003년 문재인 당시 민정수석비서관이 부산저축은행 그룹 검사를 담당하고 있던 유병태에게 '철저히 조사하되 예금 대량인출 사태가 발생하지 않도록 신중히 처리를 해 달라'는 취지로 전화한 사실이 인정되고, 그렇다면 '문재인이 금감원 유 모 국장에게 전화한 의혹이 있다'는 기자회견 내용은 진실에 부합한다고 판단된다."

*문재인 후보가 지분(25%)을 가진 고소인 법인이 2004~2007년 부산2저축은행으로부터 59억 원의 뇌물, 청탁로비 謝禮的(사례적) 성격의 수임료 받은 의혹이 있다는 부분.

"부산저축은행 그룹의 부실채권 추심소송 위임내용을 확인한 결과 2004~2007년 사이에 부실채권의 지급명령 신청 등 사건의 수임료로 '부산2저축은행'이 고소인 법인에 약 59억 원을 지불한 사실이 인정되고, 그렇다면 이종혁 의원의 '고소인 법인이 2004~2007년 약 59억 원의 수임료를 부산2저축은행으로부터 받았다'는 부분은 진실에 부합한다."〉

수임료 59억 원의 문제

문재인 수석의 전화 이후 영업정지 되었어야 할 부산저축은행이 솜방망이 처벌만 받고 금융사기를 계속하는 사이 文 수석이 공동소유하였던 법무법인은 이 은행으로부터 부실채권의 지급명령 신청 등 사건을 수임하여 노무현 정부 시절에만도 약 59억 원을 벌었다는 사실이 확인된 셈이다. 부실채권의 독촉이란, 카드 빚 독촉으로서 외부에서 변호사를 따로 선임할 필요가 없을 정도로 간단한 일이므로 59억 원이란 큰 액수는 검찰 결정문에도 있듯이 뇌물성을 의심할 수 있는 것이다.

정권의 실세이던 文 수석이 비리를 조사중인 공무원에게 '철저히 조사하되 예금 대량인출 사태가 발생하지 않도록 신중히 처리를 해 달라'는 취지의 전화를 한 것 자체가 잘못이다. 이왕 전화를 하였다면 이렇게 말하였어야 옳다. '예금 대량 인출 사태를 각오하고서라도 더 많은 피해자를 막기 위하여 철저히 조사하고 엄정 처리하여 재발을 방지하시고, 다른 저축은행도 살펴 봐 주세요'라고.

문재인 수석의 선처 부탁 전화를 받았던 유병태 씨는 2011년 저축은행 비리 수사 때 이 은행으로부터 돈을 받은 혐의로 구속 기소되었다. 서울고법 형사4부(재판장 성기문)는 2억1000만 원을 받은 혐의로 구속 기소된 유병태 전 금융감독원 국장에게 징역 1년과 추징금 2억1000만 원을 선고했다.

재판부는 "업무상 알게 된 금융기관 직원에게서 거액을 받아 금감원의 직무 공정성과 신뢰를 해쳤기 때문에 실형 선고가 불가피하다"고 판시하였다. 2007년 금감원에서 퇴직한 유 씨는 부산저축은행에 대한 금감원 검사 시 편의를 봐주고 정보를 제공한 대가로 김민영 은행 부회장에게서 매월 300만 원씩 모두 2억1000만 원을 받은 혐의로 기소됐었다.

부산저축은행이 도저히 용서 받을 수 없는 금융사기를 벌이는 걸 금감원이 밝혀내고도 적절한 조치를 취하지 않게 된 데는 문재인과 유병태 씨의 역할이 있었다는 의심은 상당히 타당해 보인다. 두 사람 모두 부산저축은행으로부터 금전상의 이득을 보았다는 사실이 이 의심을 짙게 한다. 유병태 씨는 뇌물성 돈을 받았고 문재인 씨는 관계 법무법인이 뇌물로 의심받을 수 있는 거액의 수임료를 받았다.

문재인 수석이 공직자의 윤리에 충실하였더라면 2003년에 막을 수 있었을 저축은행비리 피해액이 50조, 피해자가 10만 명, 이들이 떼인 돈은 5000만 원 초과 예금액 5132억 원, 후순위채권 8571억 원을 합쳐 1조 3703억 원! 10만 명의 대부분은 문재인 의원이 좋아한다는 서민들이었다. 특히 부산 서민들이 많이 당하였다. (2017년 1월17일)

13

아들 취업 특혜 의혹

金永男 · 자유기고가

문재인 후보 아들 문준용 씨, 14개월 근무하고 휴직 후 미국 연수. 휴직기간 포함 37개월분 퇴직금 수령.

더불어민주당 문재인 대선 후보의 아들 준용 씨의 고용정보원 취업 특혜 의혹이 다시 제기되고 있다. 4월3일자 〈일요신문〉은 준용 씨와 직접 통화해 취업 특혜 논란에 대해 물은 뒤 기사를 게재했다. 기사의 일부를 소개한다.

〈준용 씨는 〈일요신문〉과의 통화에서 "전화번호는 어떻게 아셨느냐. 제가 공인도 아닌데 신상정보 알아내서 전화하면 안 된다"면서 불쾌감을 드러냈다.

'아버님이 준용 씨 문제로 어려움을 겪고 있는데 본인이 직접 해명하는 게 좋지 않겠느냐'는 질문에는 "저에 대한 모든 입장은 선거 캠프를 통해서 하기로 정했다. 제가 함부로 할 수 없다. 이해해주셨으면 좋겠다"고 말했다.

그래도 재차 취업 특혜 의혹에 대해 물어보자 "(언론에는) 단 한 마디의 응대를 하지 않기로 정했다. 답변을 드릴 수가 없다. 충분히 말씀 드린 것 같으니 전화를 끊겠다"며 전화를 끊었다.〉

문준용 씨의 특혜와 관련하여 현재 자유한국당뿐 아니라 국민의당도 합세해 문 후보의 해명을 요구하고 있다. 국민의당은 3일 준용 씨를 '제2의 정유라'에 빗댔다. 박지원 대표는 문 후보가 아들 의혹 관련 '마, 고마해'라고 답한 것에 대해 "제2의 박근혜 발상"이라고도 했다.

문준용 씨의 취업 의혹은 크게 두 가지로 정리된다. 입사 과정에서 특혜를 받은 점과 입사 14개월 후 휴직 및 휴직 중 미국 내 취업이다. 이 의혹들을 현재 확인된 사실을 토대로 정리한다.

채용 마감일 이후에 졸업예정증명서 발급

한국고용정보원은 2006년 11월30일 〈연구직 초빙 공고〉라는 제하로 채용공고를 온라인에 게재했다. 원서 접수기간은 2006년 12월1일부터 12월6일까지였다. 당시 고용정보원은 두 명의 외부 신입 직원을 채용했다. 최근 문 씨에 대한 의혹을 제기하고 있는 심재철 국회부의장에 따르면 두 명 중 다른 한 명은 비즈니스학 전공 MIT 출신 마케팅 현장 경력 3년차 K 씨다.

심 부의장에 따르면 준용 씨가 고용정보원에 제출한 졸업예정증명서의 발급일은 2006년 12월11, 즉 채용 마감일인 12월6일이 지난 후였다. 고용정보원은 당시 원서접수와 관련한 자료가 현재 없다고 밝혔다.

심 부의장은 고용정보원이 2006년 실시한 다른 채용의 경우 인터넷은 물론 교수신문 등을 포함 2~5개 방법으로 공고를 냈으나 문준용 씨 당시에는 인터넷(워크넷)에만 공고했다고 했다. 원서 접수 기간 역시 평소보다 짧았다는 게 심 부의장의 설명이다.

"스물 몇 명 중 하나로 취업됐다"는 거짓으로 확인

문재인 후보의 말대로 준용 씨의 취업 의혹이 불거진 것은 이번이 처음이 아니다. 문 후보는 2012년 경선 당시 새누리당 손수조 후보와의 TV 토론회에서 다음과 같이 주장했다.

〈문재인: 특혜취업은 사실이 아닙니다. 우선 당시에 채용된 것도 저희 아들 혼자가 아니라 뭐 스물 몇 명 중에 한 사람으로 취업됐다는 말씀을 드리고요. 그게 과연 취업 과정에 특혜가 있었는지 여부는 고용정보원에 알아보실 일인데 그 고용정보원은 지금 정부 산하에 있거든요. 만약에 그것이 특혜 취업이었다고 하면 제가 지금 이렇게 무사할 수 있겠습니까?〉

"스물 몇 명 중에 한 사람으로 취업됐다"는 말은 사실이 아닌 것으로 확인됐다. 고용정보원이 정부 산하 기관인 것은 사실이다. 하지만 준용 씨가 응시했을 당시 고용정보원장은 권재철 씨로 노무현 정권 당시 문재인 민정수석과 함께 노동비서관으로 청와대에서 근무했다.

심재철 부의장은 "권 원장은 청와대 노동비서관 시절 문재인 수석님의 바로 옆방에서 근무했다며 특별한 인연을 과시한 적도 있고, 권 원장은 2011년 자신의 저서에 문재인 후보의 추천사를 받는 등 두 사람은 각별한 인연이었다"고 했다.

노동부 "의혹을 제기할 소지가 있다"

노동부는 2007년 고용정보원 감사를 통해 문준용 씨가 채용되는 과정에서 채용 공고 형식 및 내용이 조작된 점은 확인되지 않았다고 했다. 하지만 "특정인(문 모씨)이 포함된 일반직 외부응시자가 2명에 불과하고 이들 모두 경쟁 없이 채용됨으로써 취업특혜 의혹을 제기할 수 있는 소지는 있다"고 했다.

문재인 후보는 3월27일 "한국고용원은 당시 독립 기관이 된 지 얼마 되지 않아 행정 미숙으로 오해를 샀다"며 준용 씨 채용에 있어 문제가 없다고 주장한 바 있다.

2012년 대선 당시 문재인 캠프는 준용 씨 취업 특혜 의혹이 불거지자 근거 없는 비방이라고도 했다. 당시 김경협 민주통합당 의원은 기자회견을 열고 "말단직 5급 기본급 150만 원짜리에 넣기 위해 특혜, 기획채용 이런 게 가능했다고 보십니까"라고도 했다. 하지만 당시 문 씨의 연봉은 3450만 원 수준이었다. 월급으로 치면 280여만 원이며 대기업 신입사원 평균보다 높은 수준이었다.

문준용 씨는 2007년 1월8일 고용정보원에 입사했다. 이후 14개월 후인 2008년 3월1일, 어학연수를 이유로 휴직신청을 냈다. 당시 자료에 따르면 문 씨는 6개월 휴직허가를 받았으나 실제 휴직은 2010년 1월29일

퇴사할 때까지, 즉 23개월간 연장됐다.

심재철 부의장은 이와 관련 "문준용 씨가 채용되었던 당시부터 최근까지 현재 150여 개 공기업, 準정부기관, 기타 공공기관을 조사한 결과 입사 14개월차 신입사원이 어학연수 사유로 휴직을 허가받은 사례는 문 씨의 한국고용정보원 외 단 1개 기관밖에 없다"고 주장했다.

14개월 근무, 37개월분 퇴직금 수령

준용 씨는 미국 뉴욕에 위치한 'EMBASSY CES'라는 어학 연수 기관에서 교육을 받게 된다. 하지만 심 부의장에 따르면 어학연수가 시작되고 얼마 지나지 않은 2008년 4월부터 6월까지 "FUSEBOX"라는 웹디자인 회사에서 인턴을 했다. 심 부의장은 위와 같은 행동은 고용정보원 인사규정의 징계양정(量定) 기준에 있는 '겸직근무의무 위반, 성실의무 위반, 복종의무 위반'에 해당한다고 주장했다. 이와 관련 규정을 심 부의장이 유일호 경제부총리 겸 기획재정부 장관에게 묻자 유 장관은 "(공공기관 직원은) 비영리 업무라 할지라도 기관장의 허가를 받아야 한다"고 했다.

준용 씨가 실제 고용정보원에서 근무한 기간은 14개월이다. 심 부의장에 따르면 그는 미국에서 인턴을 한 3개월 기간이 포함된 총 37개월분에 대한 퇴직금을 받았다.

문재인 더불어민주당 후보는 대선후보 확정 직후인 4월3일 저녁 JTBC 뉴스룸과 인터뷰를 했다. 손석희 앵커는 이날 문 후보에게 아들

준용 씨와 관련된 취업 특혜 의혹에 대해 물었다. 이날 인터뷰 중 준용 씨 관련 부분을 소개한다.

"팩트 체크 부탁드립니다"

〈손석희: 아들의 취업 특혜 의혹에 대해서 이제 그만 하자라고 말씀을 하셨습니다마는 상대 당에선 당연히 이것을 그만둘 생각은 없어 보입니다. 10년 넘게 이렇게 논란이 된다는 것은 그만큼 해명이 명쾌하지 않았기 때문은 아닌가 이렇게 볼 수도 있는데 뭐라고 답하시겠습니까?

문재인: 우선 한국고용정보원은 민간기관이 아니고 정부 산하기관 공공기관입니다. 만약에 문제가 있었다면 이명박 박근혜 정권이 가만뒀겠습니까? 이명박 박근혜 정권이 저를 그냥 둘 리가 없지 않았겠습니까? 이명박 박근혜 정권에서 아무 문제가 없다는 것이 확인됐다는 것은 그만큼 충분히 해명됐다는 뜻이죠. 그보다 더 명쾌한 해명이 어디 있겠습니까?

손: 그런데 한 가지 예로 2007년하고 2010년 두 차례 노동부 감사를 말씀하셨고 별문제 없었다. 그것이 지난 정권들의 얘기입니다. 그런 주장을 해오셨는데. 2010년 감사 대상에서는 아예 포함돼 있지 않았다. 따라서 2010년 감사에서 문제가 없었다고 주장하는 것은 적절치 않은 것이다. 이런 주장도 나왔습니다. 어떻게 답변하시겠습니까?

문: 2010년 감사보고서를 보시면 한국고용정보원이 설립된 2006년 이후의 모든 입사에 대해서 감사하는 것으로 그렇게 명시가 돼 있습니다.

감사 결과 제 아들은 문제가 없는 것으로 그렇게 밝혀져 있습니다. 우리 아들에 대해서 특별히 감사를 했느냐는 것은 중요하지 않습니다. 만약에 아들에 대해서 특별한 감사를 하지 않았다면 그것은 곧바로 아무런 문제가 없다는 뜻 아니겠습니까?

손: 그러나 많이 들으셨겠지만 2010년에는 아예 포함이 안 됐다는 주장이 나와서. 이 문제는 나중에라도 지금 주어진 시간이 4분 5분밖에 되지 않기 때문에.

문: 감사보고서를 한 번 확인해 보시기 바랍니다. 팩트 체크 부탁드립니다.〉

모든 입사자가 아닌 문제 제기된 6명에 대한 감사

문 후보는 2007년과 2010년 고용노동부가 실시한 고용정보원에 대한 감사 내용이 의혹이 없다는 점을 보여준다고 거듭 주장하고 있다. 하지만 2007년 노동부는 "특정인(문 모씨)이 포함된 일반직 외부응시자가 2명에 불과하고 이들 모두 경쟁 없이 채용됨으로써 취업특혜 의혹을 제기할 수 있는 소지는 있다"고 했다. 문 후보의 주장에 따라 2010년 감사보고서를 입수, 확인해본 결과 문 후보의 주장 중 사실과 다른 점을 확인했다.

문 후보는 4월3일 JTBC 인터뷰에서 "2010년 감사보고서를 보시면 한국고용정보원이 설립된 2006년 이후의 모든 입사에 대해서 감사하는 것으로 그렇게 명시돼 있다"고 했다. 감사보고서는 당시 감사 배경을 다음과 같이 설명하고 있다.

〈'10.10.15 우리부 산하기관 국감시 민주당 의원들이 한국고용정보원 정인수 원장에 대해 채용특혜 의혹, 연구용역 부실 등 기관운영상 문제점을 지적하며 우리 부의 감사실시를 요구.〉

즉, 이명박 정권이 임명한 정인수 고용정보원장이 지인을 특혜 채용했다는 민주당 측의 주장에 대한 감사였다. 감사 대상은 특혜를 받았다고 주장된 6명이었으며 문준용 씨는 이에 포함되지 않았다.

권재철 "채용 과정 실수 있었다"

2012년 10월 JTBC는 문재인 후보 아들 관련 여러 특종을 했다. 2012년 10월23일 JTBC는 〈권재철 "문재인 아들 채용 과정 실수 있었다" 시인〉이라는 제하의 단독 보도를 했다. 당시 보도 내용 일부를 소개한다.

〈권재철 전 원장은 당시 채용 과정에서 실수가 있었음을 시인했습니다. [권재철/당시 고용정보원장: 우리 직원들도 신생기관이다 보니까 인사행정을 잘 모르는 거예요. 그러다 보니까 특혜는 아니었지만, 행정상의 미묘한 실수로 인해서 오해를 사기에는…] 계속되는 기자의 질문에 속사정을 털어놓습니다. [권재철/당시 고용정보원장: (원장님께서 직접 승인을 해줘서 단축이 된 게 맞는 겁니까?) 그랬겠죠. (한 명만 지원을 하면 재공고를 하거나 연장을 하는 게 보통이잖아요) 그래야죠. (굳이 그렇게 급하게 마감을 하고 끝낸 이유가 무엇인지) 직원들 판단은 그래요. 좋은 분이 오셨기 때문에… (문준용 씨 실력이 충분했기 때문에 더

연장할 필요가 없었다는 거죠) 예. 그렇죠.〉

권재철 씨는 노무현 정권 당시 문재인 민정수석과 함께 노동비서관으로 청와대에서 근무했다.

전문가 "(준용 씨 제작 동영상) 심각한 수준 미달"

권 원장 관련 기사를 게재한 다음 날인 2012년 10월24일. JTBC는 또 한 번 〈전문가라서 채용? 문재인 아들이 만든 영상 보니…〉라는 제하의 단독보도를 했다. 기사는 준용 씨가 동영상 전문가라는 이유로 채용됐으나 고용정보원 근무 당시 제작한 동영상을 단독 입수해본 결과 실력에 의문이 든다고 보도했다. 당시 보도 내용 일부를 소개한다.

〈그런데 이 영상을 분석한 전문가는 제작 실력에 의문을 제기합니다. [한동준/동아방송예술대학교 방송제작과 교수: 프로그램을 제대로 된 걸 한 번도 만들어 본 적이 없는 분이 제작을 한 거에요. 이 프로그램의 타이틀을 글로벌을 글로버라고 쓴 걸 찾지 못하는 것도 아주 심각한 문제고…] 수준 미달이라는 혹평도 내놓습니다. [한동준/동아방송예술대학교 방송제작과 교수: 아주 심각한 수준 미달이고요. 영상제작을 전혀 모르는 분이네요.]〉 (2017년 4월4일)

14

문재인의 이 발언은 유머로 분류해야

조갑제닷컴

북한도 선거연령이 17세인데 한국은 19세라서 부끄럽다고?

더불어민주당 문재인 전 대표는 2017년 1월13일 선거연령 만18세 하향 주장과 관련, '북한도 17세인데 19세는 아주 부끄러운 것'이라는 요지의 말을 하였다. 그는 이날 서울 마포구 신한류플러스 내 프리미엄 라운지에서 청소년, 학부모들과 간담회를 갖고 "선거권 18세는 세계적인 기준이다. OECD 34개국 중 19세는 우리나라뿐"이라며 "선거 제도를 가진 230개 나라 중 93%가 18세 이하"라고 말하였다.

북한의 선거는 반대가 허용되지 않는 黑白 투표라는 걸 알면서도 대한민국 제도가 부끄럽다고 말하였다면 정신감정과 사상감정이 동시에 필요하다. 문재인의 이 망언을 유머로 분류하는 게 피차 마음 편할 듯하다. '북한비판의식결핍증'이란 병에 걸린 사람을 국군통수권자로 뽑는 것은 자살행위이다. (2017년 1월18일)

문재인의 이념 : 역사관·안보관

1

대한민국 建國에 적대감

趙甲濟·조갑제닷컴 대표

대한민국에 생일을 찾아주자는 주장을 비하한 문재인 씨는 反역사적, 反헌법적, 反국가적 주장에 동조한 사람이다. 그러니 얼빠진 사람은 애국시민이 아니라 문재인 씨, 당신이다.

대한민국 건국은, 삼일운동, 임시정부 수립, 국내외의 독립운동, 태평양전쟁, 연합군 승리에 의한 해방, 건국운동, 총선, 국회구성, 헌법제정의 과정을 거쳐서 최종적으로 1948년 8월15일 정부수립을 선포, 건국 과정을 완결한 것이다.

아기가 태어나는 과정을 보면 연애, 결혼, 임신, 출산을 거친다. 1948년 8월15일 정부수립은 출산일인 셈이다. 이날을 건국절로 기념하자는 것은 출산일을 生日이라고 부르자는 주장처럼 무리가 없다. 文 씨는 임신한 날을 生日이라고 우기는 것과 같다. 임신하여도 流産(유산)하여 생명이 태어날 수 없을 때도 있다.

문재인 더불어민주당 前 대표는 2016년 8월16일 자신의 페이스북에 글을 올려, '8월15일을 건국절로 지정해야 한다'는 주장에 대해 "역사를 왜곡하고 헌법을 부정하는 反역사적·反헌법적 주장, 대한민국의 정통성을 스스로 부정하는 얼빠진 주장"이라고 밝혔다.

그는 "지금의 대한민국 헌법은 임시정부 법통을 계승한다고 명시하고 있고 제헌헌법도 3·1운동으로 대한민국이 건립되고 제헌헌법으로 민주독립국가를 재건한다고 밝혔다"며 "정부수립 후 1948년 9월1일 발간된 대한민국 官報(관보) 1호는 연호표기를 '대한민국 30년 9월1일'이라고 했다"고 썼다. 그러면서 "지금까지 대한민국 역대정부는 1948년 8월15일을 건국일이 아닌 정부수립일로 공식 표기해왔다"고 했다.

이어 "대한민국 임시정부가 국민에게 주권이 있는 민주공화국을 선포한 지 100년이 다가오는데도 우리는 아직 민주공화국을 완성하지 못했고 국민주권을 실현하지 못했다"며 "'대한민국은 민주공화국이다. 대한민국의 주권은 국민에게 있고, 모든 권력은 국민으로부터 나온다'는 헌법 제1조가 실현될 때 우리는 비로소 진정한 광복을 맞이했다고 말할 수 있을 것"이라고 했다.

문재인 씨의 주장이야말로 '얼빠진' 것이다. 建國에서 '國'은 '國家'의 준 말이다. 국가의 3大 요소는 영토, 국민, 주권임을 초등학생도 안다. 그런데 대통령이 되겠다는 이가 이런 초보적 상식을 무시한 억지로써 대한민국의 정통성을 부정하려 한다.

1919년의 상해임시정부는 국가의 3大 요소를 갖추지 못하였으므로 스스로 '임시'라고 作名한 것이다. 文 씨는 상해임시정부 수립을 건국이라고 여기는 듯한데, 그렇다면 중대한 논리적 모순에 빠진다. 건국한 뒤에 독립운동은 왜 하나? 건국한 뒤의 독립운동은 대한민국에서 탈퇴하겠다는 분리운동이고 반역이 될 수도 있다. 그렇다면 이승만, 김구가 그런 지도자였단 말인가?

1948년 8월15일을 정부수립 기념일이라고 한 것은 이날의 건국을 부정하기 위한 게 아니라 건국 과정을 설명하기 위한 용어였다. 문재인 씨가 인용한, "대한민국 헌법은 임시정부 법통을 계승한다고 명시하고 있고 제헌헌법도 3·1운동으로 대한민국이 건립되고 제헌헌법으로 민주독립국가를 재건한다고 했다"는 문장도 1948년 8월15일 건국에 이른 과정을 설명하고 있는 것이지 부정하는 내용이 아니다.

대한민국 건국은, 삼일운동, 임시정부 수립, 국내외의 독립운동, 태평양 전쟁, 연합군 승리에 의한 해방, 건국운동, 총선, 국회구성, 헌법제정의 과정을 거쳐서 최종적으로 1948년 8월15일 정부수립을 선포, 건국 과정을 완결한 것이다. 우리 정부도 한 동안 8월15일을 광복절로 기념하되 '광복'의 뜻을 '해방'이 아닌 '건국'으로 규정하였다.

1945년 8월15일은 '해방된' 날이다. 연합군이 일본군에 이긴 결과물이란 이야기이다. 1948년 8월15일, 국민들은 공정한 선거를 통하여 대한민국을 '건국한' 것이다. 피동적 해방보다는 주체적 결단이란 점에서 건국이 더 중요하다.

계급투쟁론으로 써진 대한민국 고등학교 한국사 교과서는 북한정권에 대하여는 '조선민주주의인민공화국 수립', 대한민국에 대하여는 '대한민국 정부 수립'이라 표기, 민족사적 정통성이 '정부를 세운' 남쪽이 아니라 '국가를 세운' 북쪽에 있는 것처럼 가르친다. 정부는 헌법, 군대처럼 국가의 하급 개념이다.

검인정 교과서는 대한민국 헌법이 反국가단체로 규정한 북한정권을 국가로 미화하고, 대한민국을 정부로 격하시켜, 정통성을 주장할 자격이 없는 전체주의 독재 정권을 대한민국의 상급자로 둔갑시켰다. 통합진보당 해산과 교과서 개혁 운동에 문재인 세력이 반대하는 가장 큰 이유는 대한민국의 정통성을 부정하려는 가치관을 수호하겠다는 집념의 소산일 것이다. 따라서, 자랑스러운 대한민국에 생일을 찾아주자는 주장을 비하한 문재인 씨야말로 反역사적, 反헌법적, 反국가적 주장에 동조하고 있는 셈이다. 그러니 얼빠진 사람은 애국시민이 아니라 문재인 씨, 당신이다.

　남북관계의 본질은 〈민족사의 정통성과 삶의 양식을 놓고 다투는 타협이 절대로 불가능한 총체적 권력투쟁〉이다. 정통성 싸움은 역사전쟁인데, 여기서 문재인 씨는 대한민국 편이 아니다. 따라서 문재인 씨는 대한민국 국민들이 피, 땀, 눈물로 구축해낸 '민족사적 정통성'을 부정하는 사람으로 간주될 수밖에 없다. 세계적 강국으로 성장한 대한민국이 생일(건국 기념일) 없는 나라라는 게 말이 되나?

　2015년 당시 새누리당 의원이던 이인제 의원이 교과서의 건국 관련 표기 문제를 제기하자 교육부는 이런 요지로 답변하였다.

　〈대한민국 건국 시점엔 여러 가지 설이 있다. 1948년 8월15일설, 상해임시정부설, 대한제국설, 단군조선설.〉

　국민교육을 책임진 정부 기관이 조국의 탄생 과정에 대하여 '건국說'이란 표현을 하였다. "내 생일은 나도 모른다. 네 가지 설이 있다"고 말하고 다니는 부잣집 아들이 있다면? 이런 '영혼 없는 공무원 집단'이 있으니 이런 문재인 씨가 있는 것이다. (2016년 8월17일)

2

집요한 국가보안법 폐지 주장

趙成豪 · 조갑제닷컴 기자

개정된 국보법에 대해서도 '얼빠진 소리'라고 비난하는 등 反感 드러내… 송영근 前 기무사령관, '(文 씨가) 국가보안법 폐지에 총대를 메 달라고 했었다'고 폭로.

부림사건과 문재인

문재인 씨와 국가보안법의 상관관계를 알려면, 1981년 공안 당국에 의해 적발된 '부림사건'에 대해 알아볼 필요가 있다. 부림사건은 부산 지역에서 발생한 공안사건으로 학생, 교사, 회사원 등 22명이 공산주의 찬양 서적 등 불온서적을 읽고 공산주의 운동을 했다는 혐의로 구속된 사건이다. 이 사건의 피고 측 변호인이 바로 노무현 前 대통령이었다.

　2014년 초 개봉한 영화 '변호인'은 부림사건과 노무현을 배경으로 만들어졌다. 개봉 당시 문재인 씨는 부림사건에 연루되었던 인사 몇 명과 함께 영화를 관람하기도 했다. 당초에 알려진 것과 달리 문재인 씨는 이 사건의 변론을 맡지 않았었다. 다만, 부림사건 연루자 중 일부가 노무현 정권 때 청와대 요직에 들어갔고, 청와대 민정수석·비서실장을 지낸 文 씨와 함께 일했다는 점에서 文 씨와 이들의 관계를 유추해볼 수 있다.

大法, '(피고인들의) 자백이 가혹행위에 의하여 이루어진 것이라고 가릴 수 없어'

일각에서는 부림사건이 고문에 의한 '容共(용공)조작 사건'이라고 주장한다. 대법원 판결문(1982년)을 읽어보면 그 주장은 사실과 다르다. 대법원은, 피고인들이 '사회주의·공산국가를 건설하여야 한다'는 생각을 갖고 있었다고 판단했다. 판결문의 관련 대목이다.

〈피고인 등이 우리나라의 현실을 반민족, 반민주적 팟쇼체제로서 노동자, 농민 등 노동대중을 수탈 착취하여 부익부 빈익빈의 모순사회로 정치, 경제, 문화, 사회 등 모든 분야에서 제국주의, 식민주의 사회로 전락되었다고 분석 평가하고 이러한 모순과 빈부의 격차를 해소하기 위하여는 사회주의, 공산국가를 건설하여야 한다고 서로의 의견일치를 보아…(중략)… 대중봉기로써 자유민주주의 현 체제를 뒤엎어 사회주의, 공산국가를 건설하여야 하고…(하략)…〉 [1982년 10월26일 대법원 판결문. 대법관 이일규(재판장)·이성렬·전상석·이회창. 전원 일치 판결]

판결문은, 〈피고인 등의 경찰수사에서의 자백이 부당한 장기 불법구속과 수사관의 고문 등 가혹행위에 의하여 이루어진 것이며 검찰에서도 그와 같은 심리상태가 계속된 상황에서 임의성 없는 진술을 한 것이라고 볼 만한 아무런 자료도 가려낼 수 없는 이 사건에 있어서 검사작성의 피고인 등에 대한 각 피의자 신문조서 중 원심판시 범죄사실에 부합하는 각 진술기재를 증거로 한 원심조치는 정당하다〉고 적시했다. 고문에 의한 자백이었다는 피고들의 주장을 받아들이지 않은 것이다.

이 사건을 수사했던 고영주 변호사(부림사건 당시 부산지검 검사·前 서울남부지검장)도 2014년 1월, 〈조선pub〉와 한 인터뷰에서 "공산주의 건설을 위한 명백한 의식화 교육 사건"이라고 단언했다. 高 변호사는, 피고들이 "저(注:고영주)한테 조사받을 때에는 고문에 대해서는 한 마디도 없었다. 고문 이야기는 나중에 재판받을 때 거론된 것"이라고 밝혔다.

개정된 국보법에 대해 '얼빠진 소리'라고 비난

문재인 씨는 그로부터 15년 후인 1997년 〈부림사건과 국가보안법 제7조의 위헌성〉이란 長文의 논문을 발표, 부림사건 판결의 허구성과 국가보안법 전반에 대해 강하게 비판한다. 文 씨는 이 논문에서 6공화국 때 일부 개정된 국가보안법에 대해 언급한다. 1990년 4월3일, 헌법재판소는 국보법 7조(찬양·고무)에 대한 '한정 합헌'(일부 위헌) 결정을 내렸다. 핵심은 기존의 국보법 7조의 '反국가단체를 이롭게 한'이라는 범죄 구성 요건을 삭제하고, '국가의 존립·안전이나 자유민주적 기본질서를 위태롭게 한다는 점을 알면서'라는 주관적·구체적인 표현을 추가한 것이다. 文 씨는 개정된 이 대목에 대해서도 비판적인 시각을 보였다. 이를 설명하면서 '얼빠진 소리'라는 원색적인 용어도 사용했다. 국보법에 대한 文 씨의 인식을 엿볼 수 있는 중요 대목 몇 개를 논문에 실린 원문 그대로 발췌했다.

〈▲부림사건은 지역의 민주화 운동을 개인적·분산적인 운동에서 조직적·체계적인 운동으로 발전시키는 계기가 됨으로써 부산 지역의 민주화 운동사에 큰 획을 그었다고 할 수 있다.

▲5공 시절 국가보안법 사건이 급격하게 증가한 요인은 크게 두 가지로 분석된다. 첫째 정권 안보를 위하여 남용되었기 때문이다…(중략)… 국가보안법을 앞세운 정권의 탄압이 갈수록 더욱 심화되었다. 말하자면 극우적인 반공이데올로기 하에서 국가보안법의 '먹이'가 대단히 많아졌던 것이다.

▲평화적 통일은 남북한이 적대 관계를 청산하여 화해하고 협력하여야 하며 상대방을 무조건 헐뜯을 것이 아니라 잘한 일에는 칭찬도 하고 옳은 일에는 동조도 하여야 하며 상호 교류도 하여야 가능한 것이므로 북한을 반국가단체로 규정지음으로써 정부를 참칭하거나 국가를 변란할 것을 목적으로 한 범죄 단체임을 전제로 하는 국가보안법의 여러 규정은 헌법의 평화 통일 조항에 상충한다.

▲헌법재판소의 위 결정은 국가보안법 제7조가 개정된 이후에도 여전히 남용이 계속되고 있고, 법원이 舊法(구법) 하에서 판단기준을 조금도 변화시키지 않고 있는 현실을 외면한 것이라는 비난을 면할 수 없다. 특히 대법원은 이미 96.4.9.선고96누11405 판결에서 헌법재판소의 한정 합헌 결정의 효력에 관하여…(관련 대법원 판결문 내용 서술)…고 선언한 바 있었다. 따라서 한정 합헌 결정에 대한 법원의 태도가 이러한데도 헌

법재판소가 제시한 해석 기준에 따라 해석한다면 위헌이 아니라는 것은 속되게 표현하자면 '얼빠진 소리' 같은 격이 아닐 수 없다.〉

국가보안법에 대한 이 같은 인식은 그가 정치에 입문한 뒤에도 그대로 투영돼 나타났다. 2011년 발간한 문재인 씨의 著書《운명》에는 "더 뼈아팠던 것이 국가보안법이다. 국보법 폐지를 위해 노력하지 않은 건 결코 아니다. 우리로선 굉장히 많은 노력을 기울였다"는 기술이 있다. 노무현 정권 시절 국보법을 폐지하지 못한 것을 후회하는 듯한 내용이다.

文 씨는 2012년 11월, 〈통일뉴스〉 창간 12주년 기념 인터뷰에서 "국가보안법은 인간 사상에 대한 검열, 행위 형법이 아닌 심정 형법의 문제, 모호한 범죄구성 요건, 형사절차상 피의자의 권리 제한, 사회 전체의 공안적 분위기 조성 등의 문제를 가지고 있다"며 "국가보안법은 폐지되어야 한다"고 공언했다.

송영근의 폭로

노무현 정권 때 기무사령관을 지낸 송영근 前 새누리당 의원은, 2012년 한 월간지와의 인터뷰에서 '과거 문재인 민정수석이 국가보안법 폐지에 총대를 메 달라고 했었다'고 폭로했다.

〈신동아〉(2012년 12월호) 보도에 따르면, 宋 前 의원은 기무사령관 재직 당시인 2003년 여름, 저녁을 먹자는 호출을 받고 청와대로 갔다고 한다. 식사 자리엔 노무현 대통령이 문재인 당시 민정수석과 같이 있었다고 한다. 盧 대통령은 자신의 軍 생활 등 이런저런 이야기를 했고, 식사가 파할 때까지 특별한 당부가 없어 宋 前 의원은 '왜 불렀나' 생각했다고 한다. 〈신동아〉에 실린 당시의 상황을 발췌한 것이다.

〈만찬장을 나서자 文 수석이 '사령관께서 총대를 좀 메 주십시오'라고 했다. 당시 盧 정부는 보안법 폐지를 주장했지만 송광수 검찰총장, 최기문 경찰청장 등 모든 공안 담당자가 다 반대해 꼼짝 못하고 있었다. 이 때문에 나를 불러 보안법 폐지에 앞장서달라고 한 것으로 보였다…(중략)…민정수석실은 진급을 미끼로 기무사의 모 실장을 회유해, 기무사령관인 나의 언동을 감시하게 하고 기무사 내부 정보를 따로 보고하게 했다. 민정수석실에서는 변호사 출신의 전 모 비서관과 기자 출신의 강 모 행정관이 기무사를 담당했다.〉

宋 前 의원은 인터뷰 말미에 "2003년 보안법 폐지 시도로 시작해 軍 사법개혁안과 軍 인사권 장악으로 이어진 노무현 정권의 군부 흔들기는 우리 안보 체제를 뒤 흔드는 핵폭탄이었다"고 주장했다. 그는 "소신 있는 군인을 진급시키는 게 아니라 거꾸로 정치인에게 잘 보이려는 군인이 진급하는 체제를 만들고 이를 합법화한 것이 노무현 정권이었다"고도 했다. 宋 前 의원은 "이 사건의 중심부에 문재인 후보가 있었다"고 강조했다. (2016년 10월30일)

3

한총련 합법화 주장·통진당 옹호

趙成豪

文 씨는, 한총련이 대법원에 의해 利敵단체로 판시된 후에도 한총련 합법화를 주장하고, 2013년 이석기 내란음모 사건 후에도 통진당을 옹호하는 발언을 했다.

利敵단체 한총련

문재인 씨는 노무현 정권 시절 한총련(한국대학생총연합) 합법화를 공개적으로 주장했었다. 수배된 한총련 소속 대학생들과 그의 가족을 만나 면담하는 등 한총련에 대해 우호적인 입장을 취했던 것으로 나타났다. 이는 한총련이 대법원에 의해 利敵단체로 판시된 후의 일이다.

한총련은 ▲국보법 철폐 ▲주한미군 철수 ▲연방제 통일을 노골적으로 주장해온 대학생 조직이다. 1996년 8월, 연세대에서 열린 소위 '통일 대축전' 행사 때 한총련 소속 학생들은 연세대 내 종합관과 과학관을 점거해 농성을 벌이며 폭력을 행사했다. 농성 장소에선 김일성을 찬양하는 낙서와 유인물 등이 발견되기도 했다. 1996년 9월 대검찰청 공안부는 한총련 산하 조직인 조국평화통일위원회와 정책위원회를 利敵단체로 규정했으며, 1998년 7월28일엔 대법원(재판장 대법관 최종영·98도1395)이 한총련을 利敵단체로 판시했다.

"한총련 합법화 필요"

청와대 민정수석으로 재임하던 2003년 8월11일, 문재인 씨는 청와대 수석·보좌관 회의에 앞서 기자들과 만난 자리에서 "한총련의 합법화를 유보하거나 재검토한다는 것은 지나친 표현"이라며 "어떻든 한총련의 합법화는 필요하다"고 밝혔다. 文 씨는 한총련을, "대학생들의 대표조직"이라며 "利敵(이적)단체라고 해서 거기에 가입하면 利敵단체 가입으로 처벌받는 것은 하루빨리 해결되어야 할 필요가 있다"고 말했다. 그는 또 한총련 합법화의 의미에 대해 "법원이 일단 한총련을 利敵단체로 판단하지 않는 것이며 검찰이 더 이상 利敵단체 가입 등으로 기소하는 일이 없어지는 것"이라고 설명했다.

文 씨의 이 같은 발언은, 4일 전인 8월7일 한총련 소속 대학생 12명이 경기도 포천군 소재 美8군 종합사격장에 진입해 미군 탱크 위에 올라가 불법시위를 벌인 이후에 나온 것이다. 한총련 대학생들은 봉고차로 훈련장에 도착한 뒤, 태극기를 목에 두른 채 〈한반도 전쟁위협 즉각 중단하라〉고 적힌 플래카드를 들고 훈련장 안 50m까지 진입해 美軍 탱크를 점거했었다. 그들은 성조기를 불태우고 '주한미군 철수', '전쟁반대 미국반대', 'Stop the War' 등의 구호를 외치며 10여 분 동안 시위를 벌이다 미

군들에 의해 훈련장 밖으로 밀려났다.

이에 앞서 2003년 4월, 文 씨는 민정수석 자격으로 수배된 한총련 소속 학생 가족과 관련 인사를 면담한 적도 있다. 그해 4월26일 〈통일 뉴스〉는 청와대에서 정재욱 당시 한총련 의장(연세대 총학생회장)이 문재인 수석을 면담했다고 보도했다. 면담자로는 정재욱을 비롯해 권오헌 당시 민가협 상임대표도 있었다고 한다. 문재인 씨는 이 매체와의 일문 일답에서 "한총련 합법화를 위해 우리 사회가 다 같이 노력해야 한다. 정부도 전향적으로 노력하고 학생들도 변화의 노력을 해야 한다"고 밝혔다.

文 씨와 면담을 마치고 나온 권오헌 대표는 "면담 자리에서 정치수배자 전원 일괄적 불기소 처분을 조건으로 해결할 것을 얘기했고 반드시 이번 사면에서는 형평성 원칙에 따라 이석기 씨를 포함해 기결 양심수를 사면해야 한다는 입장을 밝혔다"고 한다. 權 씨는 "이석기 씨 문제는 마지막까지 반드시 포함해야 하고 기결·미결 다 포함에서 나와야 한다고 강조했다"고 한다.

이석기를 特赦했던 참여정부

權 씨가 말한 이석기는 2013년 내란죄 사건으로 구속된 인물이다. 당시 李 씨는 1999년 민족민주혁명당(민혁당) 사건에 연루되어 약 3년여 간 도피생활을 했다. 2002년 5월 당국에 의해 체포된 그는 구속되었고, 2003년 3월21일 항소심에서 징역 2년6개월 실형을 선고받았다. 이석기

는 대법원에 상고했지만, 6일 만에 이를 취하해 刑(형)이 확정되었다.

그런데 이석기는 그해 8월 광복절 특사 때 가석방되었다. 2년 뒤인 2005년 8월엔 두 번째 특사로 복권되어 公務(공무)담임권과 被선거권을 회복했다. 두 차례의 특사 모두 노무현 정권 때 받은 것이다. 그로부터 7년 뒤 이석기는 통진당 비례대표로 국회에 진출했고, 2013년 8월 이석기 내란선동사건의 주동자로 지목되었다. 국회는 2013년 9월4일 이석기 의원 체포동의안 표결을 실시했다. 총 289표 중 찬성 258표, 반대 14표, 기권 11표, 무효 6표로 체포동의안이 가결되었고, 법원은 이튿날 이석기를 구속수감했다[2015년 1월22일, 대법원 전원합의체(주심 김소영 대법관)는 이석기에게 징역 9년·자격정지 7년을 선고했다].

새누리당과 언론은, 이석기를 특별사면 및 복권해준 노무현 정권과 당시의 민정수석이었던 문재인 씨에게 책임이 있다고 지적했다.

하태경 새누리당 의원은 "이석기 의원을 비롯해 수사 대상에 오른 진보당 관계자들은 북한과 협력해 대한민국 顚覆(전복)이 가능하다고 믿는 사람들"이라며 "이들이 국회에 입성한 것은 민주당의 책임이 크다"고 말했다. 〈문화일보〉는 사설(2013년 9월13일字)에서 "특별사면은 대통령의 고유권한이다. 문재인 의원은 이런 업무들을 관장하는 대통령 민정수석비서관이었다. '反국가단체 구성원 이석기'에 대한 특혜가 없었다면 '국회의원 이석기'도 없었다는 점에서 2003년, 2005년의 특사는 이석기 사건의 原罪(원죄)에 해당된다"고 비판했다.

문재인 씨는 이런 여론을 '從北 공세'라고 일축했다. 2013년 9월12일 노무현재단이 개최한 '제4회 노무현 대통령 기념 학술 심포지엄' 축사에서 "과거의 야권연대도 종북, 10년 전 法 절차에 따른 가석방과 복권도 영락없는 종북이라고 여권 일각에서 규정하는 것은 신종 매카시즘 狂風(광풍)에 따른 '종북좌파 프레임'"이라고 주장했다.

'북한식 사회주의 추구' 정당인 통진당에 우호적

2014년 12월, 통합진보당은 헌법재판소에 의해 '북한식 사회주의를 추구'하는 違憲(위헌)정당으로 판시, 해산이 결정되었다. 문재인 씨는 통진당 해산에 대해선 줄곧 비판적인 입장을, 통진당에 대해선 連帶(연대)의 필요성을 강조하는 등 우호적인 시각을 보여왔다.

文 씨는 2013년 12월 출입기자들과의 오찬에서 그 당시 법무부가 憲裁(헌재)에 통진당 해산 심판을 청구하자 이를 '反민주적인 폭거'라고 주장했다. 그는 "(이석기 의원의 내란음모 혐의가) 기소돼 있지 않느냐"며 "그 결과도 보지 않고 곧바로 헌재에 정당해산 청구? 그게 늘 해온 일도 아니고 유사 이래 처음인데 이해할 수 없다. 그 사이에 그렇게 서두르지 않으면 나라가 무너지나. 무슨 큰 위협이 되나'라고 반문했다(발언출처: 인터넷 〈헤럴드경제〉 2013년 12월2일자).

文 씨는 통진당 비례대표 부정 경선 논란이 한창이던 2012년 5월, 조국 서울대 교수와의 대담에서 "두 당(注: 통진당과 문재인의 민주당)의 이념과 정책에 상당한 차이가 있다"면서도 "새누리당과의 차이는 질적으로 다르다"고 주장했다. 文 씨는 "새누리당의 국정실패로 인한 국민 고통을 극복해내는 것이 훨씬 중요하다. 차이는 안고 가면서 연대를 해야

한다"고 강조했다(발언출처: 인터넷 〈한겨레〉 2012년 5월13일자).

그는 같은 해 6월, 경희대에서 열린 '광장토크'에 참석했을 때에도 통진당의 부정 경선 문제에 대해 언급했다. 文 씨는 "통합진보당의 비례대표 경선 문제를 종북주의나 색깔론으로 벌이는 것은 적절하지 않고 부당하기 짝이 없다…(중략)…국가관을 말하면서 제명해야 한다고 주장하는데 다수가 소수의 국가관을 판단해서 제명할 수 있다면 소수정당이 발붙일 수 있겠나"라고 했다(발언출처: 인터넷 〈연합뉴스〉 2012년 6월8일자).

2012년 관훈클럽 초청 大選후보 토론회에서는 "종북세력이 있다면 정치권에서 배제돼야 마땅하지만 사법적 판단이 내려지기 전에 마녀사냥式으로 마구 단정해서는 안 된다", "극소수인 종북주의자가 대한민국의 안전에 크게 위협이 되지 않을 것"이라고 주장했다. (2016년 11월1일)

4

"1%를 대변하는 세력과
99%를 대변하는 세력의 대결"

金泌材

건국 이후 대한민국이 경제성장은 이뤘지만 그 외의 영역에선 성과가 없다는 좌파진영의 매도에도 불구하고, 대한민국은 같은 기간 '삶의 질'을 가장 크게 향상시킨 나라로 꼽히고 있다.

철지난 계급투쟁론

지난 19대 총선에서 민주당은 "99%의 국민 편에 서겠습니다"라는 구호와 함께 대선에서는 재벌개혁, 반값등록금, 경제민주화 등을 주요 공약으로 삼았다. 문재인 씨의 경우 2012년 1월1일 〈문재인 이사장이 노무현 대통령께 드리는 신년인사〉를 통해 "사회 양극화로 격차사회의 그늘은 더 깊어만 가고, 국민들은 좌절하고 고통스러워하고 분노하고 있다. 희망과 위안을 간절하게 찾고 있다"고 주장했다. 그는 이어 "반드시 정권교체를 이뤄서 자꾸만 벌어져가는 격차사회를 바로 잡겠다"고 말했다.

文 의원은 또 같은 해 11월13일 서울 영등포 당사에서 열린 선대위 직능위원회 출정식에서 "이번 대선의 시대정신은 경제민주화"라며 "말로만

외치는 가짜 경제민주화 세력과 진짜 경제민주화 세력의 싸움이다. 1%를 대변하는 세력과 99%를 대변하는 세력의 대결"이라고 주장했다. 그러면서 그는 "후보들 가운데 누가 99%를 대변할 수 있겠나, 누가 99%에 속하는 삶을 살아왔는가"라고 말했다. 이처럼 민주당과 문재인 의원이 대한민국 국민을 99%의 일반인(보통사람)과 1%의 특권층으로 나눈 것은 전형적인 계급투쟁적 발상으로 볼 수 있다.

공산주의 창시자 칼 마르크스는 《공산당 선언》에서 "지금까지 존재해왔던 모든 사회의 역사는 계급투쟁의 역사(The history of all hitherto existing society is the history of class struggles)"라고 주장했다. 공산주의 이론에서 말하는 '계급'은 흔히 알고 있는 군대 내에서의 계급, 또는 국가기관, 사회단체에서의 통솔을 위한 계급이 아니고, 사회발전의 단계에서 경제적 입장에 따라 구분하는 '人間集團'(인간집단)을 의미한다. 따라서 '계급투쟁'이란 노동자와 자본가의 이해관계에 따른 사회적 분쟁을 공산주의적 시각으로 본 개념이다.

공산주의자들은 일반적으로 계급투쟁에 의해 사회제도가 교체되어 인류사회가 '進化'(진화)한다고 보았다. 이와 관련해 1980년대 공산주의 이론가인 金明圭(김명규) 씨는 자신의 저서인 《공산주의·이론과 혁명의 표리》에서 계급투쟁론에 대해 아래와 같이 설명했다.

〈봉건사회는 한 때 피지배계급이었던 부르조아지의 계급투쟁에 의해 자본주의 사회로 교체되었고, 자본주의 사회는 노동자들의 계급투쟁에 의해 사회주의 사회로 교체되며, 사회주의 사회는 노동자들의 斷續的(단속적)인 계급투쟁으로 프롤레타리아 독재에 의한 노동자 계급 이외의 모든 계급을 없애고 오직 노동자 계급만이 있는 무계급화 사회인 공산주의 사회가 된다는 것인데, 결과적으로 계급은 인류사회 발전의 기본동력이며, 인류사회는 계급투쟁에 의하여 진화한다는 것이다.〉

계급투쟁론은 유산계급과 무산계급 간의 협력과 상부상조의 가능성을 완전히 배제한 폭력 선동론에 불과하며, 중산층의 존재와 재산가가 되겠다는 무산계급의 꿈을 모두 무시해 버린 독단론에 불과하다. 마르크스의 주장처럼 사회 구성원을 유산계급과 무산계급으로 나눈다 하더라도 두 계급 간에는 투쟁보다는 협력으로 쌍방이 모두 이익을 보는 경우가 더 많았다.

국제지표로 본 대한민국

국제사회에서 대한민국은 모든 분야에서 성공한 국가로 평가받고 있다. UN통계에 따르면 5·16군사혁명이 있었던 1960년대 이후 김영삼 정부 초기인 1995년까지 대한민국의 年평균 경제성장률은 7.1%로 세계 174개국 중 1위를 차지한 것으로 나타나 있다. 7.1%의 평균 경제성장률은 2위인 싱가포르의 6.4%, 3위인 지중해 사이프러스의 6.2%, 4위 인 아프리카 보츠와나의 6.1%는 물론 동아시아의 홍콩(5.8%), 중국(5.5%), 태국(5.3%), 일본(4.9%), 말레이시아(4.3%)를 월등히 앞서는 수치이다.

대한민국의 평균 경제성장률은 2차대전 이후 歐美(구미)의 신흥공업국으로 불리는 포르투갈(3.8%), 그리스(3.4%), 브라질(2.6%), 멕시코(1.5%), 아르헨티나(1.0%)도 큰 차이로 앞지르고 있다. 특히 대한민국의 7.1% 성장은 아제르바이잔(–14.8%), 타지키스탄(–11.8%), 우크라이나(–8.6%), 카자흐스탄(–7.8%) 등 40여 개국이 마이너스 성장을 하는 기간 동안 이뤄졌다는 점에서 의미를 더해 주고 있다.

대한민국의 성공은 경제성장에 국한되지 않는다. 건국 이후 대한민국이 경제성장은 이뤘지만 그 외의 영역에선 성과가 없다는 좌파진영의 매도에도 불구하고, 대한민국은 같은 기간 '삶의 질'을 가장 크게 향상시킨 나라로 꼽히고 있다.

UNDP(유엔개발기구)에서 발간하는 인간개발보고서(Human Development Report)는 인간개발지수(Human Development Index)가 높은 상위 60개국 가운데 대한민국(30위)을, 1960년~1995년 사이 HDI지수를 크게 향상시킨 세계 2위 국가로 분석하고 있다.

이 보고서는 같은 기간 HDI지수를 크게 향상시킨 세계 1위 국가로 말레이시아를, 3위 태국, 4위 포르투갈, 5위를 브라질로 각각 분석하고 있다. 그러나 1995년을 기준으로 이들 국가의 HDI절대치는 모두 우리보다 낮아, 상위 30개국 가운데 HDI지수를 가장 크게 향상시킨 나라는 대한민국으로 나타나고 있다. HDI지수는 각국의 교육수준, 국민소득, 평균수명, 영아사망률, 소득 등을 종합적으로 고려한 '삶의 질'을 나타내는 지표이다.

이 같은 수치는 21세기 들어서도 크게 바뀌지 않고 있다. 2013년 판 〈인간개발보고서〉를 보면 한국의 HDI(12위)는 0.909(1에 가까울수록 '삶의 질'이 높음)로, 전통적으로 '삶의 질'이 높은 북유럽 국가(덴마크 15위, 벨기에 17위, 핀란드 21위)보다 위였다.

韓, '富의 분배' 가장 이상적으로 이룬 국가

성장이냐 분배냐의 대립 속에서 분배 쪽으로 기울고 있는 최근 상황에서 지난 20세기 대한민국은 성장은 물론 분배도 성공적이었다는 국제기구의 분석도 있다. 세계은행이 1995년 발간한 자료를 보면 경제성장률이 가장 높고 富(부)의 분배를 가장 이상적으로 이룬 국가 그룹에 대한민국이 포함되어 있다. 자료에 따르면 대만, 싱가포르 등은 빈부격차에서 한국과 비슷한 수준이지만 경제성장률이 한국보다 낮은 나라로 나타나며, 보츠와나·가봉 등은 경제성장률은 높지만 한국에 비해 극도의 빈부격차가 벌어진 나라로 평가되고 있다. (2014년 1월13일)

5

개성공단 폐쇄 비판

趙成豪

柳東烈, "개성공단 폐쇄로 안보 불안이 가중된다는 주장은 허구"

文, '개성공단 폐쇄 반대… 정말 화가 난다'

개성공단 사업은 2000년 8월22일 당시 현대아산(주)과 북한과의 합의로 시작되었다. 2003년 6월30일부터 1단계 330만㎡가 개발이 착수되었으며, 2007년에는 1단계 분양 및 1단계 1차 기반시설이 준공되어 본격적으로 운영되기 시작했다.

2013년 5월 訪韓(방한)한 커트 캠벨(Kurt Campbell) 前 東아시아 태평양 담당 차관보는 '개성공단은 북한을 변화시키는 데 실패했다'고 단언하며 그 책임이 북한에 있다고 했다.

캠벨 前 차관보의 발언 배경엔, 그 석 달 전 북한이 자행한 3차 핵실험이 있었다(2013년 2월). 박근혜 정부가 북한 핵실험을 강력히 규탄하자 북한은 한국인 근로자의 개성공단 출입을 불법으로 금지하는 등 일방적인 폐쇄조치를 내렸다. 그로부터 160여 일 지난 9월16일 개성공단 운영이 南北 합의 하에 재개되었다.

3년 후인 2016년 2월, 북한은 4차 핵실험과 미사일(광명성) 발사를 강행했다. 우리 정부는 2월10일 개성공단 운영 중단을 결정, 한국인 근로자들을 철수 조치했다. 2016년 12월 현재 개성공단은 폐쇄된 상태다.

개성공단 운영이 두 차례나 중단된 근본적인 원인은 캠벨 前 차관보의 지적대로 북한정권 때문이었다. 정부가 신속하게 개성공단 폐쇄조치를 내린 데에는 또다른 이유가 있었다. 개성공단을 그대로 운영할 시, 자칫 우리 근로자가 北의 인질이 될 수 있다는 우려도 제기됐기 때문이다.

문재인 씨는 이런 사실을 간과한 채 개성공단 再開(재개)를 주장했다. 2016년 2월15일 국회 국방위원회 회의록에는 개성공단에 대한 文 씨의 인식이 잘 드러나 있다. 文 씨는 이날 한민구 국방부 장관에게 "개성공단 폐쇄 결정에 반대한다"면서 "단순한 반대가 아니라 정말 화가 난다. 참으로 어리석고 한심한 조치라고 생각한다"고 말했다.

그는 "북한에 대해 강력한 제재조치를 강구하더라도 적어도 개성공단 폐쇄 결정만큼은 철회해야 한다고 요구를 한다"며 공단 폐쇄가 바람직한 결정이었는지 韓 장관에게 묻는다.

韓 장관이 "우리 정부가 취할 수밖에 없는 조치의 하나"라고 답하자, 그는 개성공단의 군사전략적인 측면을 이야기한다.

〈개성공단이 생기기 전에는 북한은 서울을 겨냥하는 장사정포를 비롯해서 남침 주력부대를 개성 이남 비무장지대 바로 북쪽에 전방 배치를 하고 있어서 지금의 미사일보다 우리에게 더 큰 안보위협이 되고 있었습니다. 그런데 개성공단이 생기면서 장사정포와 남침 주력부대들이 개성 이북으로 그렇게 후방 배치가 됐고 그로 인해서 비무장지대가 그만큼 확장되는 효과가 생기고 또 북한의 기습공격 능력이 많이 약화됐습니다… 동의하시지요?〉

文 씨의 논리를 요약하면, 개성공단이 생기기 전에는 안보위협이 컸는데, 개성공단이 생김으로써 비무장지대가 확장되어 북한의 공격능력이 약화됐다는 것이다. 한민구 장관은 "그 지역의 배치 및 이동 이런 것과는 상당한 거리가 있다"고 반박한 뒤, 다음과 같이 설명했다.

〈그 지역을 담당하는 적 6사단은 그대로 있는 것이고 또 그 개성공단 인근에 있던 부대가 3개 대대 플러스 1개 증강된 중대 규모인데 그것이 개성 후방으로 간 것이 아니고 공단 1.3~3.5㎞ 지역의 인근으로 조정이 됐던 것입니다… 지금 의원님 말씀하시는 것과 같은 그러한 현상이 과거에 있지 않았다 제가 그렇게 말씀을 드리는 것입니다.〉

"개성공단 폐쇄로 안보 불안이 가중된다는 주장은 허구"

경찰 公安 부서에서 오랫동안 對北 문제를 다뤄온 柳東烈(유동열) 국가정보학회 부회장도 韓 장관과 비슷한 설명을 했다. 柳 부회장은 〈주간조선〉(2016년 2월22일字) 기고문에서 "이른바 한국 사회 내 햇볕론자들과 이에 부응하는 정치세력과 종북세력 및 좌파 언론들은 한목소리로 마치 개성공단 폐쇄 때문에 엄청난 안보위기가 발생한 것처럼 호도하고 있다"고 비판했다.

그는 ▲원래 개성공단 부지에는 南侵 주력부대인 북한 2군단 6사단과 65포병여단이 주둔했는데 개성공단이 조성되면서 이들 병력과 砲隊(포대)가 후방으로 10~15㎞ 이동했고 ▲그 결과 북한의 기습공격 능력도 많이 약화되어 우리가 커다란 안보 혜택을 받았다는 게 좌파세력의 논리라고 설명했다. 柳 부회장은 다음과 같이 반박했다.

〈현재 개성공단 자리에는 북한군이 과거에도 현재에도 주둔한 적이 없다. 다만 개성공단 인근에 있던 3개 대대와 증강된 1개 중대도 개성공단 조성 후 개성 후방으로 간 게 아니라 공단 인근으로 재배치되었을 뿐이다. 따라서 개성공단 폐쇄로 그 자리에 북한군이 이동 배치되어 안보 불안이 가중된다는 주장은 허구이다.〉

그는 "개성공단 폐쇄로 없어졌던 안보위협이 갑자기 가중된 것처럼 호들갑을 떠는 것은 북한의 對南 전쟁위협 등 對南 심리전에 동조하는 주장에 다름 아니다"고 강조했다. 유동열 부회장의 설명에 비추어 보면, 문재인 씨의 '개성공단이 폐쇄로 안보위협이 가중된다'는 요지의 주장은 설득력이 떨어진다. (2016년 10월24일)

6

'송두율 入國' 개입 의혹

趙成豪

한나라당의 폭로와 국회 회의록을 통해 본 문재인의 개입 흔적들

2008년 징역 2년6월·執猶 5년 확정 판결

문재인 씨는 2003년, 在獨(재독) 親北인사 송두율의 入國에 개입한 정황이 있는 것으로 나타났다.

故 黃長燁(황장엽·前 북한 노동당 비서) 씨는 1998년 자신의 저서에서 송두율(당시 독일 뮌스터대 교수)이 '북한노동당 정치국 후보위원 김철수'라고 폭로했다. 그동안 당국은 송두율을 親北인사로 분류해 그의 귀국은 不許(불허)되고 있었다.

노무현 정권이 출범하자 민주화운동기념사업회(이하 사업회·이사장 박형규)는 '2003년 해외 민주인사 한마당' 행사에 송두율을 초청했다. 2003년 9월22일 그가 귀국하자 국정원과 검찰은 각각 네 차례와 아홉

차례 수사를 진행했고, 10월23일 송두율은 검찰에 의해 구속되었다.

　당시 서울지검 공안1부는, 송두율이 ▲1991년 북한 노동당 정치국 후보위원으로 임명되었고 ▲1994년 김일성 사망 당시 서열 23위의 葬儀(장의)위원으로 참석했고 ▲1991년 5월~1994년 3월, 다섯 차례 밀입북해 주체사상을 교양·학습한 혐의 등이 있다고 했다. 검찰은 이를 근거로 송두율에게 국가보안법상 反국가단체 가입 및 특수탈출, 회합·통신 위반 혐의를 적용했다. 1심에서는 이 같은 혐의 대부분이 인정돼 송두율에게 징역 7년이 선고됐다. 2004년 7월 서울고법 형사6부(재판장 김용균)는 '검찰 측 증거로는 송 씨가 정치국 후보위원으로 선임된 사실을 인정하기에 미흡하다'며 밀입북한 혐의만 인정해 징역 3년에 집행유예 5년을 선고했다. 그해 7월21일 석방된 송두율은 독일로 출국했다(2004년 8월5일).

　2008년 4월 대법원 전원합의체는 '송두율 교수가 독일 국적 취득 전에 북한을 방문한 것은 국가보안법상 제6조 1항 탈출에 해당하지만, 독일 국적 취득 뒤 북한을 방문한 것은 외국인의 신분으로 방문한 것이므로 탈출에 해당하지 않는다'며 밀입북 혐의 일부에 대한 原審(원심)을 파기하고 사건을 서울고등법원으로 돌려보냈다. 같은 해 7월24일 서울고법 형사2부(부장판사 박홍우)는 파기환송심 선고공판에서 송두율에게, 징역 2년6월·집행유예 5년을 선고했다. 재판부는 '북한이 남한의 자유민주 질서의 顚覆(전복)을 포기하는 징후가 보이지 않는 상황에서 장기간 북한을 위해 활동한 점, 그 활동을 공개한 황장엽 씨를 상대로 오히려 명예훼손·손해배상 소송을 낸 점을 볼 때 엄히 처벌해야 한다'며 일부

유죄 판결을 내렸다. 재판부는 그러나 '1993년 8월 독일 국적 취득 후 방북한 행위에는 국가보안법을 적용할 수 없다'고 판단했다.

한나라당, '文 수석, 송두율 초청 협조公文 받았다'고 폭로

2003년 송두율 입국이 사업회 측에 의해 추진될 당시, 청와대 민정 수석이었던 문재인 씨가 그의 입국에 개입했다는 의혹이 제기됐다. 그해 10월 한나라당(現 자유한국당의 前身) 민봉기 의원은, 송두율의 입국을 주도한 사업회 측이 송두율의 입국에 협조해 달라는 뜻으로 당시 유인 태 청와대 정무수석과 문재인 민정수석에게 보낸 협조공문을 공개했다.

민봉기 의원은 10월9일 국회 행정자치위원회에 증인으로 출석한 박형 규 이사장 등에 대한 신문에 앞서 배포한 질의서에서 "사업회의 公文(공 문) 결재 문서에 따르면, 朴 이사장은 두 수석 앞으로 '한국 민주화 운 동을 지지했던 송 교수(注: 송두율)를 초청할 예정이니 참여정부에서 적 극 협조해달라'는 내용의 공문을 보낸 것으로 드러났다"고 폭로했다. 민 봉기 의원이 공개한 사업회 측 公文의 제목은 〈해외민주인사 초청사업 초청인사 출입국 협조요청〉이었으며, 수신인은 〈대통령 비서실 정무수 석, 대통령 비서실 민정수석〉으로 되어 있었다.

閔 의원은, "송 교수를 비롯해 유○○, 정○○, 이○○ 씨 등의 이력과 해외민주인사 한마당 행사 추진계획까지 첨부된 공문 내용을 볼 때 朴 이사장이 청와대와 긴밀한 협조 속에 송 교수의 초청 등 제반 작업을 수 행했고, 청와대 수석들과 송 교수 입국에 대해 긴밀히 협의했다고 볼 수

있다"고 주장했다.

문재인-국정원장-최병모, 송두율 入國 관련해 만난 적 있어

閔 의원의 주장은 일부 사실로 확인된다. 송두율이 입국하기 약 한 달 전, 문재인 수석과 국정원장 등이 그의 입국에 대해 논의한 적이 있기 때문이다. 2003년도 국회운영위원회 회의록(被감사기관 대통령 비서실·대통령 경호실) 10월11일字 기록을 보면, 서병수 당시 한나라당 의원이 〈청와대 관계자의 송두율 입국 관여 의혹에 관한 진실은? 민정수석이 국정원장, 민변 소속 변호사 등과 9월 중순경 소공동 롯데호텔에서 만나 협의했다는 의혹 포함〉이라고 서면 질의한 내용이 있다. 청와대 측의 답변 내용은 이러했다.

〈지난 8.18. 민정수석과 국정원장이 해외민주인사범국민귀국추진위원회 대표인 최병모 변호사를 소공동 롯데호텔에서 만난 적은 있으나, 崔변호사로부터 송두율 교수를 포함한 해외인사 수십 명의 원만한 귀국 추진을 위한 협조요청을 받고 귀국 추진 인사 중 송두율, 김○○, 정○○ 3인에 대하여는 귀국시 法과 원칙에 따른 조사가 불가피하다는 사실을 통보한 사실이 있을 뿐이며, 이후 이와 관련하여 민변 소속의 변호사와 면담한 사실이 전혀 없습니다.〉(출처: 국회 회의록)

최병모 변호사는 민주사회를위한변호사모임(민변)의 회장을 지냈던 인물이다. 당시 민변은 사업회와는 별도로 송두율의 귀국을 추진하고 있었다. 이 같은 사실은 일부 언론을 통해서도 보도된 바 있다. 〈경향신문〉

인터넷판(2003년 9월5일字)은 문재인 민정수석의 말을 전하며, "최근 최병모 前 민변 회장 등 해외민주인사 명예회복과 귀국보장을 위한 범국민추진위(범추위)측과 만나 在日한국민주통일연합(한통련) 등 해외민주인사 명예회복 방안을 논의했다. 이중 송두율 교수, 김○○, 정○○ 씨를 제외한 61인에 대해서는 조사 없이 귀국을 허용키로 했다"고 보도했다. 〈월간조선〉(2004년 1월호)도 崔 변호사와 국정원장이 만난 자리에 문재인 민정수석이 同席(동석)했다고 전해 이 같은 정황을 뒷받침했다.

문재인, '송두율 사건, 아주 민망한 일이 되고 말았다'

문재인 씨의 송두율 사건에 대한 인식은 2005년의 한 발언을 통해 잘 드러난다. 당시 김종빈 검찰총장이 강정구 동국대 교수를 국가보안법 위반 혐의로 구속하려고 하자 천정배 법무부 장관은 '(姜 씨를) 불구속 수사를 해야 한다'며 수사지휘권을 발동했다. 이 과정에서 金 검찰총장이 사퇴했다. 문재인 민정수석은 이 사건과 관련해 기자 간담회를 열고, "검찰의 판단이 항상 옳지는 않다"며 송두율 사건을 예로 들었다.

〈…정치적인 사건에서 가끔 그런 일이 발생하고 있는 것이 현실이다. 지난번에 송두율 교수 사건만 보더라도 그 당시에 북한 내 서열이 몇 위니 하면서 아주 엄청난 사건인 것처럼 몰아서 구속을 했지만 막상 법원의 판결을 보니까 구속이 아주 민망한 일이 되고 말았고 국제적으로도 아주 망신스러운 일이었다.〉 (발언출처: 2005년 10월19일字 인터넷 〈뉴스와이어〉) (2016년 10월18일)

7

"중국이 갖고 있는 우려를 우리가 해소를 해주었나?"

趙成豪

문재인의 사드 신속 배치 반대 입장 분석

사드(THAAD)는 우리말로 '고고도미사일 방어망 체계'라고 불린다. 다섯 차례의 불법 핵실험, SLBM(잠수함 발사 탄도미사일) 발사 실험 등 북한의 武力(무력)도발이 갈수록 심화되자 박근혜 정부는 경북 성주에 사드 1개 포대를 배치하기로 공식 발표했다(2016년 7월8일). 사드 1개 포대는 ▲포대 통제소 ▲사격 통제 레이더(TPY-2 TM) ▲발사대 6기 등으로 구성된다. 敵의 탄도 미사일이 날아올 경우, 목표물이 자유 낙하하는 단계(종말 단계)에서 직격 파괴(Hit to kill)할 수 있는 요격 시스템이 사드이다.

문재인 씨는 이 사드 신속 배치에 반대함은 물론, 사드 배치를 추진해온 대한민국 정부를 비판하는 입장을 취해왔다. 이 같은 입장은 文 씨의 페이스북과 그가 속했던 국회 국방위원회 발언록에서 잘 드러난다.

문재인 씨는 정부의 사드 배치가 공식 결정된 직후인, 2016년 7월13일 자신의 페이스북에 "사드 배치 결정의 재검토와 공론화를 요청합니다"면서 "국익의 관점에서 볼 때 득보다 실이 더 많은 결정이라고 판단됩니다…정부는 '사드문제'를 잘못 처리해 '위기관리'는커녕 오히려 '위기조장'으로 국민을 분열시키고 불안하게 만들고 있습니다"라고 써 올렸다. 그는 "미국도 현 정부 내 완료목표로 밀어부치기(注: 밀어붙이기의 오타인 듯) 식 사드 배치 추진을 지양하고…"라는 말도 덧붙였다. 같은 해 9월23일에도 페이스 북을 통해 사드 배치와 관련된 절차를 잠정적으로 중단할 것을 정부에 요구했다.

〈정부는 사드 한반도 배치를 결정하고 부지까지 선정함으로써, 전 세계를 향해 북핵 불용의지와 단호한 대응의지를 충분히 밝혔습니다. 그러니 이제 사드 배치가 다소 늦춰진다고 해서 대세에 큰 지장이 있지 않을 것입니다. 그래서 사드 배치를 위한 제반절차를 잠정적으로 중단하고, 북핵을 완전히 폐기시키기 위한 외교적 노력을 다시 하자는 것입니다.〉

그는 사드 배치가 결정되기 前에도 반대 입장을 보였다. 2015년 2월11일 국회 국방위원회 회의록을 보면, 文 씨는 한민구 국방부 장관에게 '중국 국방부장이 THAAD 배치를 대해서 우려를 표명한 것이 사실인가'라고 묻는 대목이 있다[注: 그해 2월4일 창완취안(常萬全) 중국 국방부장이 訪韓(방한), 韓中 국방장관 회담이 열렸었음]. 韓 장관은 중국 국방부장이 "THAAD 문제가 중국 안보에 부정적인 영향을 끼칠 수 있다는 수준의 얘기를 했다"고 답한다. 文 씨는, "만약에 THAAD가 한국에 배치되면 韓中 관계가 아주 심각하게 훼손될 것"이란 추궈훙(邱國洪) 주한 중국대사의 의견을 전하며 다음과 같이 韓 장관에게 물었다.

〈그러니까 중국이 자기들 중국 땅에서 대변인 성명 같은 것으로 우려를 표명하는 정도가 아니라 주한 중국대사가 와서 또 중국 국방부장이 한국을 방한해서 그렇게 THAAD에 대해서 명시적으로 우려하면서 반대의사를 표명한 것 아닙니까? 그 회담을 통해서 중국이 갖고 있는 우려를 우리가 해소를 해주었습니까?〉 (회의록 발췌)

自國의 안보를 위해 배치하기로 한 방어무기에 반대함은 물론 중국의 입장을 대변하는 듯한 질문까지 한 것이다.

문재인 씨는, 北의 4차 핵실험 직후인 2016년 1월7일 열린 국회 국방위에서 한민구 국방장관에게 "敵(注: 북한)은 은밀하게 준비해도 그것을 파악해 내는 것이 우리 정부 능력"이라고 지적한다. 文 씨는, 미국의 북한 전문 매체 〈38노스〉가 2015년 11월과 12월 공개한 北의 핵실험 징후 등을 거론하며 우리 정부의 대비 수준이 미흡했다는 취지의 주장을 한다. 그는 "정보 능력의 부재에 대해서 군을 책임지는, 통수하시는 분으로서 국민들에게 사과해야 마땅한 것 아니냐"고 韓 장관에게 따진다. 韓 장관이 "한국군 정보 수준 또 미군의 정보 수준, 그 연합 정보 수준이 어떻게 38노스하고 비교가 될 수 있겠는가"고 반박하자, 文 씨는 재차 韓 장관에게 사과할 것을 요구한다. 문재인 씨는 북한과의 대화도 촉구했다.

〈근본적으로 북핵을 포기시켜야 되는데 그러려면 북한을 외교적으로 설득도 해 내야 되는데 제재만으로 그것이 가능합니까? 북한에 대해서 6자회담 재개 같은 이런 제재와 함께 多者외교를 통한 해법도 강구해야

되는 것 아닙니까?〉(회의록 발췌)

6자회담(多者회담 포함)은 사실상 失效(실효)되었다는 게 국제사회의 定說(정설)이다. 그동안 대한민국은 6자회담뿐 아니라 두 차례의 남북정상회담, 남북장성급회담 등 지속적인 대화를 해왔지만, 북한은 이를 무시하고 번번이 武力도발을 일삼아왔다. 전문가들은 북한이 핵무기 소형화에 사실상 성공, 핵미사일 實戰(실전)배치를 목전에 둔 것으로 평가하고 있다. 그런 상황에서 文 씨는 무용지물이 된 6자회담을 다시 들고 나온 것이다. 문재인 씨는, 이날 韓 장관과의 질의응답에서 북한정권을 비판하는 목소리는 내지 않았다.

文 씨는 이밖에도 ▲'박근혜 정권 對北 능력은 역대 보수정권 중에서도 최하위 수준'이란 요지의 발언(2015년 8월18일 페이스북) ▲'김정은 참수작전 공개로 남북관계 발전에 찬물을 끼었었다'는 요지의 발언(2015년 9월10일, 국회 국방위 발언) ▲對北(대북)전단 살포 반대(2014년 10월27일, 국회 국방위 발언) 등을 주장했다. 모두 對北 관련 이슈였지만, 우리 정부를 비판하는 내용이 主를 이뤘다. (2016년 11월2일)

병자호란을 부른
親明사대주의자들과 너무나 닮은
사드 반대 親中사대주의자들

淸을 자극, 하지 않아도 될 전쟁을 부른 척화파는 전쟁준비를 하자는 주장에는 '민폐를 끼친다'면서 반대한다. 北의 핵무장을 방조한 세력이 방어망 건설을 반대하는 꼴이다.

趙甲濟·조갑제닷컴 대표

민족사 最惡의 전쟁

할 필요가 없었던 전쟁 병자호란을 자초한 親明사대주의자는 사드를 반대하는 親中사대주의와 많이 닮았다. 1637년 음력 1월2일 淸(청)의 태종이 포위당한 남한산성 내 조선왕 仁祖(인조)에게 보낸 편지는 그 내용이 직설적이고 당당하다.

〈(前略) 내가 요동을 점령하게 되자 너희는 다시 우리 백성을 불러들여 명나라에 바쳤으므로 짐이 노하여 정묘년에 군사를 일으켜 너희를 정벌했던 것이다. 이것을, 강대하다고 弱者(약자)를 없신여겨 이유없이 군사를 일으킨 것이라 할 수 있겠느냐.

너는 무엇 때문에 그 뒤에 너희 변방 장수들을 거듭 타이르되, '정묘년에는 부득이하여 잠시 저들의 무리한 요구를 받아들여 화약을 맺었지만, 이제는 正義(정의)로 결단을 내릴 때이니 경들은 여러 고을을 타일러 충의로운 사람들로 하여금 지략을 다하게 하고, 용감한 자로 하여금 적을 정벌하는 대열에 따르게 하라'는 등등의 말을 했느냐. 이제 짐이 친히 너희를 치러왔다.

너는 어찌하여 智謨(지모) 있는 자가 智略(지략)을 다하고 용감한 자가 從軍(종군)

하게 하지 않고서 몸소 一戰(일전)을 담당하려 하느냐. 짐은 결코 힘의 강대함을 믿고 남을 침범하려는 것이 아니다. 너희가 도리어 약소한 國力(국력)으로 우리의 변경을 소란스럽게 하고, 우리의 영토 안에서 산삼을 캐고 사냥을 했으니 이는 무슨 까닭인가. 그리고 짐의 백성으로서 도망자가 있으면 너희가 이를 받아들여 明나라에 바치고, 또 명나라 장수 공유덕과 경중명 두 사람이 짐에게 귀순코자 하여 짐의 군대가 그들을 맞이하러 그곳으로 갔을 때에도, 너희 군대가 총을 쏘며 이를 가로막아 싸운 것은 또 무슨 까닭인가.

짐의 아우와 조카 등 여러 왕들이 네게 글을 보냈으나 너는 받아들이지 않았다. 지난 정묘년에 네가 섬으로 도망쳐 들어가 화친을 애걸했을 때, 글이 오고간 상대는 그들이 아니고 누구였더냐. 짐의 아우나 조카가 너만 못하단 말인가. 또 몽고의 여러 왕들이 네게 글을 보냈는데도 너는 여전히 거절하고 받아들이지 않았었지, 그들은 당당한 元(원)나라 황제의 후예들인데 어찌 너만 못하랴!

元나라 때에는 너희 조선이 끊이지 않고 조공을 바쳤는데, 이제 와서 어찌하여 하루아침에 이처럼 도도해졌느냐. 그들이 보낸 글을 받지 않은 것은 너의 昏暗(혼암)과 교만이 극도에 이른 것이다. 너희 조선은 遼(요), 金(금), 元 세 나라에 해마다 조공을 바치고 대대로 臣(신)이라 일컬었지, 언제 北面(북면)하여 남을 섬기지 않고 스스로 편안히 지낸 적이 있었느냐.

짐이 이미 너희를 아우로 대했는데도 너는 갈수록 배역하여 스스로 원수를 만들어 백성을 도탄에 빠뜨리고 都城(도성)을 포기하고 대궐을 버려 처자와 헤어져서는 홀로 山城(산성)으로 도망쳐 들어갔다. 설사 목숨을 연장해서 천년을 산들 무슨 이로움이 있겠느냐. 정묘년의 치욕을 씻으려 했다면 어찌 하여 몸을 도사려 부녀자의 처소에 들어앉아 있느냐. 네가 비록 이 城 안에 몸을 숨기고 구차스레 살기를 원하지만 짐이 어찌 그대로 버려두겠는가.

짐의 나라 안팎의 여러 왕들과 신하들이 짐에게 황제의 칭호를 올렸다는 말을 듣고, 네가 이런 말을 우리나라 군신이 어찌 차마 들을 수 있겠느냐고 말한 것은 무엇 때문이냐. 대저 황제를 칭함이 옳으냐 그르냐 하는 것은 너에게 있는 것이 아니다. 하늘이 도우면 匹夫(필부)라도 天子(천자)가 될 수 있고, 하늘이 재앙을 내리면 천자라도 외로운 필부가 될 것이다. 그러니 네가 그런 말을 한 것은 방자하고 망령

된 것이다.

이제 짐이 大軍(대군)을 이끌고 와서 너희 八道(팔도)를 소탕할 것인데, 너희가 아버지로 섬기는 명나라가 장차 너희를 어떻게 구원할 것인가를 두고볼 것이다. 자식의 위급함이 경각에 달렸는데, 부모된 자가 어찌 구원하지 않을 수 있겠는가. 만일 그렇지 않다면 네가 스스로 무고한 백성들을 물불 속으로 몰아넣은 것이니, 억조중생들이 어찌 너를 탓하지 않으랴. 네가 할 말이 있거든 서슴지 말고 분명하게 고하라. 崇德(숭덕) 2년 정월2일〉

조선조 엘리트의 수준

이 편지의 마지막 부분은 폐부를 찌르는 직격탄이다. 명나라의 배경만 믿고 나를 황제라 부르지 못하겠다고 도발했으니 그 명나라의 구원병으로 나를 막아보라. 만약 明軍이 오지 않으면 너는 오만과 오판으로써 백성들을 파멸로 이끌고 들어간 죄를 면하기 어려울 것이다. 대충 그런 뜻이다. 청태종의 이 직격탄은, 황제라고 불러달라고 하는 요구를 굳이 거부하여 참혹한 겨울 전쟁을 부른 인조와 그 신하, 특히 명분론의 인질이 된 척화파의 무능한 안보와 국방태세에 대한 조롱이다.

상황을 전쟁으로 몰고 간 척화파 사대부들은 淸에 반대함으로써 자신의 지조를 높이는 데만 신경을 썼지 그런 외교가 전쟁을 불러 국가와 백성들을 파멸로 몰고 갈 것이라는 데 대해서는 눈을 감았고 전쟁을 불러놓고는 전쟁 준비에도 반대했다. 구제불능의 이런 신하들은 패전한 뒤에도 존경을 받았고 애써 淸과 협상하려 했던 최명길 등은 대로 욕을 먹었다. 이런 조선조는 병자호란 때 망했어야 했다. 1637년 음력 1월29일 남한산성에서 농성 중이던 인조는 주화파 최명길을 淸軍 진영으로 보냈다. 최명길은 淸에 대한 강경론으로 병자호란을 부른 책임이 있는 오달제 윤집을 데리고 갔다. 청태종은 두 사람에게 '너희들은 무엇 때문에 두 나라 사이의 盟約(맹약)을 깨뜨리게 했느냐'고 물었다.

오달제가 말하기를, '우리나라는 300년 동안 명나라를 섬겨왔소. 명나라가 있다는 것만 알 뿐 청나라가 있다는 것은 모르오. 청국이 황제를 참칭하고 사신을 보내왔으니 諫官(간관)의 몸으로 어찌 화친을 배척하지 않을 수 있단 말이오'라고 했다.

윤집은 '우리나라가 天朝(명나라)를 섬겨온 지 이미 300년이나 되어 의리는 임금과 신하요, 정은 아버지와 아들이오. 더 할 말이 없으니 속히 나를 죽여주시오'라고 말했다.

두 충신의 말은 기개가 있으나 답답하기 그지없다. 漢族(한족) 나라 明에 대한 충성과 일편단심만 보일 뿐 자신들이 불러들인 전쟁으로 죽어나가고 있던 백성들에 대한 배려는 보이지 않는다. 망해가는 明에 대한 일편단심은 在野(재야) 선비가 해야 할 일이지 在朝(재조)의 관리가 할 일은 아니었다. 국제정세에 대한 無知(무지), 외교와 군사에 대한 無知, 백성들에 대한 무관심만 보여주는 조선조 엘리트의 수준이다.

현실이 명분을 배반하다

민족사의 극과 극을 이야기하라면 對唐(대당) 결전으로 唐軍(당군)을 한반도에서 몰아내고 민족통일국가를 완성한 문무왕, 김유신 등 7세기의 신라 지도부가 최상이다. 최악은 사대주의와 위선적인 명분론에 혼을 빼앗겨 할 필요가 없는 전쟁을 초대하여 王朝(왕조)도 民生(민생)도 도탄으로 밀어 넣었던 仁祖 시대의 집권세력이다. 신라 지도층과 인조 시절 지도층은, 같은 민족인데 어떻게 이처럼 다른 사람들이었나 하는 생각이 들 정도이다.

신라 지도층의 성격은 개방, 활달, 文武(문무) 겸전, 풍류, 자주, 명예, 오기, 자존심, 품격으로 표현된다. 인조 지도층의 성격은 편협, 명분, 위선, 독선, 무능, 文弱(문약)으로 표현된다. 신라는 국가와 불교가 기능을 분담했다. 국가가 종교에 복종하지도 종교가 국가에 이용만 당하지도 않았다. 신라와 불교는 각기의 영역을 인정하면서 상호 협력하였다. 흔히 신라 불교를, 護國 불교라고 말하지만 통치 이데올로기化된 불교는 아니었다.

조선조 시대에는 朱子學(주자학)이 통치 이데올로기로 변했다. 정치가 주자학을, 주자학이 정치를 이용하면서 전례가 없는 수구성과 명분성과 위선성을 보여주었다. 정치와 철학이 결탁하면 정치는 생동감을 잃고 철학은 흉기가 된다. 주자학적 명분론이 부른 전쟁이 병자호란이었다.

척화파의 대의명분은 근사하였다. 하늘 아래 황제가 두 사람이 될 수 없고, 事大의 대상이 둘일 수 없다는 의리론이었다. 문제는 이런 명분론이 현실에서 실천될 수 있도록 할 힘이 없었다는 점이다. 은행 잔고가 바닥났는데 호화주택을 지으려 하였으니 不渡(부도)는 필연적이었다. 현실이 명분을 배신하였던 것이다.

하지 않았어야 할 전쟁

1592년 왜병에게 기습을 허용했던 조선은 그 35년 뒤 후금에게 다시 침략을 허용하였다. 丁卯胡亂(정묘호란)이 그것이다(인조 5년). 인조는 그 9년 뒤인 1636년에 다시 병자호란을 막지 못하고 치욕의 삼전도 항복을 하고 말았다. 어떻게 된 것이 40여 년 사이 세 번이나 똑같이 외부세력에 선제공격을 당하고 말았느냐 말이다. 더욱 웃기는 것은 인조 조정이 할 필요도 없는 전쟁을 불러들였다는 점이다. 1636년 淸으로 이름을 바꾼 後金은 조선에 대해서 大淸皇帝(대청황제)라고 불러줄 것을 요구했다. 조선조는 明에 사대하고 있는 입장에서 의리상 그렇게 못하겠다고 버티었다.

이때 明은 이미 망해가고 있었고 大淸은 떠오르는 세력이었다. 광해군은 이런 국제정세의 변화를 정확히 읽고서 明과 後金 사이에서 줄타기를 하여 전쟁을 면했었다. 그런 광해군을 배신자라고 규정하여 쿠데타로 쫓아냈던 인조 조정은 明 황제 이외의 누구도 황제라 부를 수 없다는 명분론을 굽히지 않았다.

인조도 현실외교로써 청과 화친하고 싶었으나 명분론을 들고 나온 斥和派(척화파) 신하들의 반발 때문에 淸과 대결하는 방향으로 선회했다. 한 10개월간 계속된 인조 조정의 내부 노선 투쟁을 들여다 보면 한심하기 짝이 없다. 명분론은 淸軍의 침입을 부르는 초대장임이 확실했다. 그렇다면 명분론을 주장하는 사람은 전쟁 준비론자가 되어야 한다. 그런데 그게 아니었다. 대사간 尹煌(윤황)이 임금에게 전쟁 준비를 건의하면 그가 지휘하는 사간원에서는 이런 건의를 올린다.

'요사이 병란의 기미가 이미 생겨 화가 언제 닥칠지 모르는데, 하늘이 크게 재앙을 내려 수해와 旱災(한재)가 거듭 계속되니, 팔도의 생령이 모두 죽게 될 지경입니다. 그런데 전쟁까지 하게 된다면 국가가 반드시 망하게 될 것입니다.'

전쟁을 하지 않으려면 청이 요구하는 대로 그들 황제를 大淸皇帝라고 불러주면 된다. 그렇게 하자는 주화파 崔鳴吉(최명길)에 대해선 明에 대한 의리를 저버리는 짓이라고 규탄해마지 않던 척화파가 자신들이 부른 전쟁 준비를 하자고 하니 백성들의 고통 운운하면서 아무것도 하지 않으려 한다.

21세기의 親中사대주의와 17세기의 親明사대주의

대사간 윤황이 또 강화도의 무기와 전투식량을 평양으로 실어 보내 평양에서 적을 막자고 건의한다. 비변사는 이 전쟁 준비 건의에 대해서 뭐라고 하는가.

'그렇게 해야겠지만 民力(민력)이 감당하지 못하기 때문에 하지 못한다. 억지로 일을 시키면 내란이 일어나지 않을까 걱정이다. 국가가 지금까지 유지될 수 있었던 것은 人心 때문이다.'

할 필요도 없는 전쟁을, 시대착오적인 명분론을 앞세우다가 초대해놓고는 전쟁 준비를 하겠다니 '그러면 백성이 고생하니 하지 말자. 백성들을 혹사하면 내란을 일으킬지 모르겠다'고 하는 판이니 대책이 없다. 한국의 좌파들도 北의 핵개발을 비호하거나 사실상 지원해놓고는 애국자들이 나서서 "北이 핵무장하였으니 우리는 미사일 방어망을 만들어야 한다"고 하니, "왜 중국이 싫어할 일을 하느냐"고 반대하는데, 인조 시절의 척화파 꼴이다.

실제로 제대로 된 방어책이 없었던 仁祖 조정은 청군이 서울로 들어왔을 때에야 강화로 달아나려고 했으나 길이 끊겨 남한산성으로 들어갔던 것이다. 이렇게 하여 인조로 하여금 그런 굴욕적 항복을 하도록 했더라면, 그리하여 수십만의 백성들이 淸으로 납치되어가는 비극을 불렀다면 강경파 신하들은 대대로 비판을 받아야 하는데, 그들은 만고충신이 되고 현실론을 앞세워 화친을 주장했던 최명길만 욕을 먹었다.

책임져야 할 사람들을 영웅으로 만들어버리니 진정한 반성도 책임규명도 불가능해지고 그런 과오의 메커니즘은 실패에서 배우지 못하는 체질로 살아남아 조선조를 망하게 하는 데 일조했으며 지금은 한국을 망치지 않을까 걱정이다. 병자호란을 부른 위선적 명분론은 한반도에서 핵전쟁을 부를지 모른다.

북한의 핵개발을 방조한 자들이 핵미사일 방어망 건설을 방해하는 것은 淸을 도발, 전쟁을 불러놓고는 전쟁 준비엔 반대하는 인조 시절의 명분론자들과 어떻게나 같은지 놀랍다. 前者는 親明사대주의, 後者는 親中사대주의자들이다. 지금의 친북좌파가 진보의 탈을 쓰고 있지만 맨얼굴은 수구반동 세력임을 잘 보여준다. 한국의 左右 대결은 그 본질이 진보 對 守舊인데, 자유민주세력이 진짜 진보이고 진보 자칭 세력은 守舊이다. (2016년 9월27일)

"北의 핵실험은 이명박·박근혜의 무능 때문"
北核 관련 발언 모음

[조갑제닷컴 注] 사드 배치를 반대해온 문재인 씨는, 국가 안보의 최대 위협인 北核 문제에 대해선 '(북한과) 대화로 해결해야 한다'는 일관된 입장을 보여왔다. 북핵 문제를 관리하지 못한 책임을 북한이 아닌 이명박·박근혜 정부에 돌리는 발언도 했다. "남북 관계가 발전하면 북핵문제도 해결하기 쉬운 여건이 될 것", "(북한의 핵실험이) 이명박 정부 5년과 박근혜 정부 3년의 총체적 안보 무능의 결과"라는 주장이 대표적이다. 그밖에 '북한인권법안', '대북전단' 등에 대해서도 비판적인 입장을 보였다. 文 씨의 북핵 관련 발언을 발췌해 싣는다.

"(북한 핵 활동) 참여정부 때 6자 회담 통해 해결"

■ "북핵 문제는 용인할 수 없는 거죠. 단호하게 반대합니다. 북핵은 어떤 경우에도 용인되면 안 된다고 생각하고, 북한이 이미 핵을 보유하고 있다며 핵보유국으로의 지위도 요구하고 있는데 그 지위도 인정할 수 없다고 생각합니다. 북핵을 없애는 것, 북한 쪽이 핵 활동에 대해서 일체 중단하는 것은 우리에게는 굉장히 큰 과젠데, 그 과제를 참여정부 때 6자회담을 통해서 이 문제를 해결했지 않습니까? 실제로 거의 포괄적인 합의까지 했고 냉각탑 폭파까지 진도가 나간 것이거든요. 북핵은 내부적 방법으로, 필요하면 6자회담, 다자회담을 통해 해결할 필요가 있다고 보고, 또 하나는 이명박 정부가 先북한문제 해결, 後남북관계 정상화

라는 입장을 취하는 바람에 남북관계는 파탄나버리고 북한문제는 북한문제대로 해결하지 못하면서 2차 핵실험을 하게 만들고 북한 핵문제를 강화시키는 부작용을 낳았다고 봅니다. 북핵문제 해결과 남북관계 개선을 병행해서 해나가는 대북전략이 필요하다고 봅니다." (2012년 6월27일, 大選 예비후보 초청 관훈토론회 일문일답)

"先북핵문제 해결, 後남북관계 발전, 이런 식의 단계적 접근은 옳지 않다"

■ "정전 협정이 60년 동안 이어지고 있는 체제다. 남북이 휴전을 선언한 상태로 종전하지 않고 지금까지 끌어온 것이다. 이제는 그것을 평화협정으로 전환해서 국제법적으로도 전쟁상태를 종식시키고 평화체제로 전환해 나가야 한다. 그러려면 그것을 시작하는 모멘텀이 필요하다. 그것을 종전 선언으로 시작하고 국제적인 합의를 해 나가자는 것이다. 다만, 평화체제 구축, 남북 관계 발전, 북핵문제 해결, 이 부분은 동시에 추진되어야 할 문제라고 공감한다. 先북핵문제 해결, 後남북관계 발전, 북한 지원, 이렇게 설정을 하니까 북핵문제가 풀리지 않으니 남북관계는 아무런 발전을 기할 수 없는 것이다. 안보를 위협하고 있는 것이 북핵뿐만이 아니다. 오히려 더 자주 겪는 것은 핵에 의한 위협보다는 재래식 방법에 의한 안보의 침해 그게 더 심각하다. 그런 것이 천안함 사건이며, 연평도 포격사건이다.

북핵문제를 먼저 해결해야 한다는 생각에 재래식 안보침해에 대해서 아무런 대책을 만들어내지 못하고 엄청나게 과거로 후퇴해 버린 것이다. 先북핵문제 해결, 後남북관계 발전, 이런 식의 단계적 접근은 옳지 않다. 참여정부가 해왔듯이 북핵문제의 해결 이것은 6자회담을 통해서 다자회담을 통해서 평화적으로 해결하면 되는 것이고 남북관계 발전, 평화, 경제 협력을 동시병행해 나가면 서로 도움이 되는 것이다. 이렇게 남북관계가 발전하면 저절로 북핵문제도 해결하기 쉬운 여건이 될 것이다.

또 북핵문제가 해결되어야 완전한 평화체제가 구축되는 것이다. 이렇게 서로 병행하면서 선순환해야 한다. 6자회담의 유용성, 6자회담이 북핵문제 해결에 얼마나 도움이 되는가에 있어서는 이미 참여정부 때 실증된 바 있다. 6자회담을 통해서 우선 북핵 문제가 처음 발생했을 때 미국 일각에서 北爆論(북폭론), 제한적인 북한 공격론, 이런 군사적인 해결방안이 공공연하게 주장이 된 바 있었다. 6자 회담을 통해서 다자외교를 통한 평화적인 접근 방향으로 근본적으로 바뀌었다. 그리고 우리가 6자회담을 통해서 끊임없이 미국하고 협력하고 북한하고 대화하고 중국의 협력도 구하고 그래서 9·19 공동성명도 만들어 냈다. 그래서 나중에 냉각탑 폭파까지 갔다. 그것이 제대로 이행됐었다면 지금쯤 북핵문제는 그 프로그램까지 완벽하게 폐기되는 진전을 이루었을 것이다. 6자회담이 지금 4년째 열리지 않고 중단되고 있는데 이것은 우리나라 이명박 정부가 크게 잘못한 것이다.

제가 정권교체를 이루어내면 6자회담을 즉각적으로 복원해서 우선은 북핵문제를 해결하는 하나의 틀로 활용하고 동시에, 아까 말씀드린 한반도 평화체제를 구축하는 그 실행기구로도 가동할 수 있다. 그래야 성공하고 나면 동북아 다자 안보 협력기구까지 발전시켜 나갈 수 있는 것이다. 이렇게 장기적이고 통 큰 구상과 안목 가져야 한다."(2012년 10월4일, 문재인—문정인, 10·4선언 5주년 기념 대담 발언)

"북한인권법안 밀어붙이는 등 대결주의적 對北정책 바람직하지 않아"

■ "북한이 유엔 인권결의안에 대해 외무성 성명으로 새로운 핵실험을 위협한 데 이어 국방위원회 성명으로 핵전쟁까지 위협하고 나선 것은 대단히 부적절합니다.

유엔 회원국으로서도 도를 넘을 뿐 아니라, 같은 민족의 일원으로서도 결코 해서는 안 될 위협입니다. 인권은 체제나 이념에 따라 달라질 문제가 아니라 인류 보편의 가치이고 정의라는 사실을 북한이 존중하길 바랍니다. 정부여당이 對北전단 살포를 지원하는 '북한인권법안'을 밀어붙이는 등 대결주의적 對北정책으로 일관하는 것도 바람직하지 않습니다. 평화와 안보는 동전의 양면과 같습니다.

평화와 안보가 공존하는 對北정책이 필요하다는 것이야말로 연평도 포격사건 4주기를 맞아 우리가 되새겨야 할 교훈일 것입니다.

그런 측면에서 이희호 여사님의 방북을 對北특사로 활용하여 남북대화를 복원하는 계기로 삼을 것을 정부에 제안합니다."(2014년 11월24일, 새정치민주연합 비상대책위원회 회의 발언)

"북핵문제의 근본적 해법은 9·19공동성명에 다 나와 있습니다"

■ "북한 핵실험과 관련해 미국과 중국 등 국제사회에서는 중국책임론과 미국책임론이 나오고 있습니다.

북한 핵으로 생존을 위협받는 나라는 우리인데 우리는 배제된 채 강대국 간에 책임공방을 벌이고 있습니다. 매우 부끄럽고 불행한 현실입니다. 북핵문제는 미국만 바라봐서도 안 되고 중국에 의존할 일도 아닙니다. 북핵문제의 최대 당사자는 우리입니다. 지금은 우리 책임을 높여나갈 때입니다.

그렇다고 대북확성기 재개처럼 즉흥적, 감정적 대응으로는 문제를 해결할 수도, 상황을 주도할 수도 없습니다. 정부의 안보무능과 정보 능력 부재에 대한 국민의 비판을 모면하기 위해 북핵문제를 국내정치에 이용해서도 안 됩니다.

대북 제재는 국제적인 공조 속에서 결정돼야 하고, 북핵문제 해결에 실질적으로 도움이 되는 방안이 모색돼야 합니다. 북핵문제의 근본적 해법은 9·19공동성명에 다 나와 있습니다. 비록 실천되지 않았지만 언제 하더라도 그 이상의 해결방안을 찾기 어려울 것입니다. 북핵문제에 대한 근본적 해결을 바란다면 지금부터라도 우리 정부의 주도로 같은 방식의 해법을 강구하지 않으면 안 됩니다. 정부가 남북회담과 북미회담을 적극 유도하고 6자회담 재개의 돌파구를 열어 나가기 바랍니다."
(2015년 1월11일, 최고위원회의)

"남북대화와 북미대화, 6자회담 병행해 나가는 것이
북핵문제를 해결하는 길"

■ "최근 8·25 남북합의로 남북 당국자 회담을 약속했다. 북한은 외무성 담화를 통해 미국에 평화협정 체결을 요구했고 장거리 미사일 발사나 핵실험 없이 노동당 창건 70돌 행사가 끝났다. 지난 美中 정상회담 이후 北中관계도 변화하고 있다. 한반도를 둘러싼 갈등을 대화를 통해 풀 수 있다는 분위기가 조성되고 있다. 이런 중요한 시점에 박근혜 대통령이 내일 한미정상회담을 위해 미국을 방문한다. 그 성과에 따라서 한반도 평화정착의 중요한 분수령이 될 수 있을 것이다. 무엇보다 한반도 평화의 시작은 북핵문제의 해결이다. 북핵문제의 근원적 해결을 위해서는 6자회담 재개와 9·19 공동성명의 정신으로 돌아가야 한다. 그러기 위해서 반드시 필요한 것이 北美대화이다. 따라서 박근혜 대통령은 북한의 남북 당국 회담 개최를 제안하는 한편, 미국에게도 북한과 대화에 나서도록 권유할 것을 제의한다. 남북대화와 북미대화, 6자회담을 병행해 나가는 것이 북핵문제를 궁극적으로 해결하는 길이고, 우리가 북핵문제의 해결을 주도하는 길이다. (2015년 10월12일, 새정치민주연합 최고위원회의 발언)

"어떠한 핵무기도 한반도에 존재해서는 안 된다"

■ "북한이 주장하는 수소폭탄 핵실험은 명백한 UN 결의 위반이고

한반도와 동북아에 긴장을 몰고 오는 중대한 도발행위이다. 북한 당국이 핵무기가 김정은 정권과 북한을 지켜줄 것이라고 생각한다면 오판이다. 북한이 평화를 위협해서 얻을 수 있는 것은 아무것도 없다는 것을 분명히 경고한다. 북한은 1월8일 김정은 생일과 5월 7차 당대회를 앞두고 모 아니면 도식으로 밀어붙이겠다는 생각인지는 모르지만, 핵실험 도발로 국제사회를 위협하는 것은 스스로 고립을 자초하는 것에 불과함을 알아야 한다. 어떠한 핵무기도 한반도에 존재해서는 안 된다는 것이 우리 당의 일관되고 확고한 원칙이다. 우리 당은 평화를 깨뜨리는 북한의 행위가 결코 용납될 수 없음을 분명히 밝혀둔다.

정부는 한반도 평화에 심각한 위협인 북한 핵실험에 대해 강력하고 엄중하게 대응해야 한다. 북한 핵무기는 바로 우리가 당사자이다. 우리가 주도적으로 국제사회와 협력해 문제해결에 나서야 한다. 북핵문제 해결에 여야, 정부, 국회가 따로 없다. 우리 당은 정부에 적극 협력할 것이다. 또한 미국과 중국, 일본, 러시아 등 국제사회에 대해서도 한반도의 평화를 위한 강력한 공조와 협력을 정중하게 요청한다. 우리 당은 당 차원에서도 우리 당의 안보특위, 국방위, 정보위, 외통위 등을 중심으로 북핵 TF를 가동해서 만반의 대응을 해나가고 추가 도발의 가능성에 대해서도 단호하게 대응해 나갈 것이다.

다만 정부는 그동안 북한의 핵실험에 대해 적어도 한 달 전부터 준비상황의 징후를 포착할 수 있다고 공언해 왔으나, 이번에 북한의 핵실험 징후를 미리 파악하지 못하고 사전에 강력한 경고를 보내지도 못하고, 예방도 못한 안보 무능에 대해 심각한 우려를 표하고 추가 도발의 가능성에 대해 만반의 태세를 갖출 것을 촉구한다." (2016년 1월6일, 북한 핵실험 관련 긴급 최고위원회의)

"가장 좋은 북핵 정책은 북한이 핵을 포기하도록 만드는 것"

■ "우리 당은 북한의 제4차 핵실험을 규탄합니다. 그러나 한편으로 지적하지 않을 수 없는 것은 이번 핵실험이 이명박 정부 5년과 박근혜 정부 3년의 총체적 안보 무능의 결과라는 사실입니다. 박근혜 정부의 대북정책은 완전히 실패했습니다. 북한의 핵실험 징후를 한 달 전에 알 수 있다고 공언했던 정부는 아무것도 알지 못했습니다. "핵을 머리에 이고 살 수는 없다"던 박근혜 대통령은 북핵을 관리하지도 억제하지도 못했습니다. 해결은커녕 북한의 핵 능력이 갈수록 고도화되는 것을 속수무책으로 방치해 왔습니다. 북한에 대한 '제재와 압박'만이 북핵 해결의 '열쇠'라는 정부의 인식은 상황을 더욱 악화시켰을 뿐입니다. 제재는 반드시 필요하지만, 제재만으로 해결할 수 없습니다. 이미 제재만으로 북핵을 막을 수 없다는 것이 증명되었습니다. 6자회담 당사국 등 긴밀한 국제공조의 틀 속에서 적절한 제재수단이 강구되는 한편 문제 해결을 위한 외교적 노력도 병행되어야 합니다. 개성공단 출입 제한 조치, 남북 민간교류 중단, 對北확성기 방송 재개는 북핵 해결의 근본대책이 될 수 없습니다. 자칫 남북 간의 군사적 긴장을 높이고, 가뜩이나 어려운 경제 상황 속에서 경제 불안을 증폭시키는 결과가 초래될 수 있습니다. 새누리당에서 제기하는 핵무장 주장은 위험천만한 발상입니다. 핵무장 주장

은 전시작전통제권 환수를 반대한 것과 모순됩니다. 한미공조를 위태롭게 하는 결과가 될 수도 있습니다. 이런 인식들이 바로 지난 8년 간 남북관계를 망친 주범입니다. 우리 경제는 지금 말로 다할 수 없을 정도로 어렵습니다. 정부여당이 북핵을 국내정치에 악용한다면, 경제 불안이 더 심화될 수밖에 없습니다. 지금의 경제위기에 북한發 경제불안까지 덮친다면 우리 경제는 재기 불능 상태로 갈지 모릅니다. 가장 좋은 북핵 정책은 북한이 핵을 포기하도록 만드는 것입니다. 이를 위해 부족하지 않으면서 지나치지도 않는 지혜로운 대책 강구가 필요합니다."(2016년 1월8일, 최고위원회의 발언)

"대북 확성기 방송 재개처럼 즉흥적인 대응은
군사적 긴장만 높일 뿐"

■ "박근혜 대통령은 북한 핵문제에 있어 단호한 의지는 있었으나 근본적 해법은 없었습니다. '미국도 몰랐다'고 변명했습니다. 한반도에 핵이 있어서는 안 된다는 대통령의 인식은 다행스럽지만 희망뿐이지 정책이 없습니다. 새누리당 일각의 '핵개발론'이나 '전술핵 배치론' 등 위험하고 무책임한 주장을 방관만 하고 있을 것이 아니라 악화되는 한반도 안보 상황을 돌파할 현실적이고 냉정한 정책을 내세워야 합니다. 안타까운 것은 우리 정부가 북핵 문제 해결의 주체임을 스스로 인식하지 못하고, 여전히 주변부적인 사고에 머물러 있는 것입니다. 북핵문제의 최대 당사자는 우리입니다. 미국만 바라봐서도, 중국에 의존할 일도 아닙니다. 우

리 정부의 주도적 역할을 획기적으로 높여야 합니다. 오바마 대통령은 어제 국정연설에서 '우리는 세계가 우리와 함께 일하도록 할 것이며, 다른 국가들이 스스로 알아서 문제를 해결하도록 해야 한다'고 말했습니다. 이제 우리가 해결할 수 없는 문제를 미국이 해결해 주지 않을 것입니다. 그럴 의지도 없다는 것을 명심해야 합니다. 대북 확성기 방송 재개처럼 즉흥적인 대응은 군사적 긴장만 높일 뿐입니다. 제재는 필요하지만 제재만으로는 안 된다는 것이 그간의 경험입니다. 북핵문제는 남북관계 개선과 동북아 다자간 평화안보협력체제가 병행될 때 근본적 해결이 가능합니다. 국제사회와 함께 제재는 제재대로 하되, 남북대화와 북미대화를 유도하고 중국, 러시아도 6자회담의 틀 속에서 함께 역할을 할 수 있도록 정부의 외교적 역량을 총동원해야 합니다." (2016년 1월14일, 박근혜 대통령 대국민담화에 대한 입장)

"북한의 핵실험은 이명박-박근혜 정부의 총체적 안보 무능의 결과"

■ "북한의 4차 핵실험은 이명박 정부 5년과 박근혜 정부 3년의 총체적 안보 무능의 결과입니다. 핵실험 징후를 한 달 전에 알 수 있다고 공언했던 정부는 아무것도 알지 못했습니다. 북한의 핵 능력이 갈수록 고도화되어 가는데 정부는 속수무책입니다. 박근혜 정부의 대북정책은 완전히 실패했고 국민은 불안합니다." (2016년 1월19일, 신년기자회견)

낮은단계 연방제 주장의 위험성

1

그의 통일관은 헌법위반

趙甲濟

'국가연합' 혹은 '낮은 단계의 연방제'를 하겠다는 公言은 國體변경을 꾀하는 일이고 헌법위반이다. 공산화통일의 전 단계인 '낮은단계 연방제' 운운하는 자가 대한민국의 조종실을 차지하는 것은 변란의 시작이 될 터이다.

'국가연합'이나 '낮은단계 연방제' 지향

法的 쟁점이 되어 있는 문재인 씨가 공산주의자인지 아닌지, 그가 親北인지 아닌지를 판단하는 데 가장 중요한 기준은 한반도 통일방안일 것이다. 한반도에서 벌어지는 이념대결의 결정판은 통일의 방식이고 여기에 이념적 정체성과 전략이 수렴된다. 헌법은 제1, 3, 4조를 통하여 '대한민국의 영토를 불법강점한 북한정권을 평화적 방법으로 해체시키고 자유통일함으로써 한반도 전체를 민주공화국으로 만들 것'을 명령하고 있다. 대한민국과 북한은 1민족 1국가의 대원칙에 입각, 민족사의 정통성이 어느 쪽에 있느냐의 투쟁을 벌이고 있으므로, 헌법은 북한정권을 국가로 인정할 수 없음을 못 박고 있다. 문재인 씨는 헌법의 심장과 뇌수

에 해당하는 이 핵심적 가치를 부정한다.

"김대중, 노무현 정부를 거치면서 국가연합 혹은 낮은 단계의 연방제에 이를 수 있다는 희망을 품을 정도가 됐다. 하지만 지금은 통일은커녕 전쟁을 걱정해야 한다.(2011년 2월12일 한국일보 인터뷰)"

"김대중 대통령이 꿈꾸셨던 국가연합 또는 낮은단계 연방제 정도는 다음 정부 때 정권교체를 통해 반드시 이루겠다.(2012년 8월20일 현충원 김대중 3주기 추도식)"

문재인 씨의 上記 발언은 명백한 위헌이며 反국가적이고 친북적 통일 방안이다.

2000년 6월15일의 남북한 공동선언 제2항은 〈남과 북은 나라의 통일을 위한 남측의 연합제안과 북측의 낮은 단계의 연방제안이 서로 공통성이 있다고 인정하고 앞으로 이 방향에서 통일을 지향시켜 나가기로 하였다〉고 했다.

김대중·김정일의 이 합의는 친북적이라고 비판을 많이 받았지만 적어도 '남측의 연합제안'은 文 씨가 공언한 '국가연합'이 아니라 노태우 대통령 때부터 국가의 공식통일방안에 나오는 '남북연합'이다. 김대중 정부도, "남북연합은 1민족 2국가를 의미하는 국가연합이 될 수 없으며, 분단상황하에서 완전한 통일실현시까지 통일을 추구하는 '잠정적 관계'라는 점에서 특수한 결합형태"라는 입장을 유지하였다.

6·15 선언의 '연합제안'을 '국가연합안'으로 해석하면 대한민국 헌법이 국가로 인정하지 않는(권력실체로는 인정한다) 북한정권을 국가로 인정하여 대한민국과 同格으로 놓는 헌법위반을 저지르게 된다. 북한을 국

가로 인정하면(북한은 한국을 국가로 인정하지 않으므로) 우리의 헌법질서나 국가정체성은 그 바탕이 무너진다(國體변경). 이론상 통일도 어렵다. 한 국가가 다른 국가를 통일 대상으로 삼는 것 자체가 불법이 된다.

문재인 씨는 '국가연합'이라는 표현으로 헌법을 위반한 다음 한 걸음 더 나아가서 '국가연합 또는 낮은단계 연방제' 중 하나에 이르는 통일을 주장하였다. '국가연합'은 헌법위반이고, '낮은단계 연방제'는 공산통일로 나아가는 첫 단계이다. 어느 쪽도 안 되는데 문재인 씨는 어느 쪽이든 좋다고 한다(그는 친북적인 6·15 선언 2항을 반역적인 내용으로 한층 더 왜곡한 것이다). 이는 反헌법적, 더 쉽게 말하면 반역적 정책이다.

헌법재판소의 판단

원로 헌법학자인 허영 전 연세대 교수도 "북한을 국가로 승인하는 내용의 언급을 하거나 그런 내용의 조약을 체결해서는 아니 된다. 북한은 휴전선 이북(以北)지역에 실재(實在)하는 또 다른 통치집단이기 때문에 우리와 대화하고 조약을 체결하는 당사자로 인정할 수는 있어도 절대로 국가로 승인해서는 아니 된다"고 단언했다 (월간조선 2002년 6월호 〈對北 정책의 憲法的 한계〉).

2014년 12월 헌법재판소는 통합진보당에 대하여 북한식 사회주의를 한국에서 구현하려는 반역집단으로 규정하였는데 '낮은단계 연방제'를 이렇게 부정하였다(다수 의견을 낸 두 재판관의 보충의견).

〈결국 피청구인(注: 통합진보당) 주도세력이 소위 낮은단계 연방제 통일방안을 채택한 이유로 제시한 내용은 설득력 있는 근거가 되지 못한다. 법정의견에서 본 바와 같이, 피청구인 주도세력이 1민족 1국가 2체제 2정부의 연방제 통일방안을 주장하는 이유는 북한과 같이 자유민주주의 체제의 변혁과 진보적 민주주의 체제 및 사회주의 체제(북한식 사회주의 체제)를 추구하기 위한 전략으로 인식하고 있기 때문인 것으로 보인다.〉

이 헌법재판소 판단은 문재인式 통일방안에 그대로 적용된다. '국가연합 또는 낮은단계 연방제'를 이루겠다는 말로써 '낮은단계 연방제'를 허용한 것은, 〈북한식 사회주의를 추구하기 위한 전략〉의 일환이란 지적을 면하지 못할 것이다. 낮은단계 연방제 아래서 대한민국은 '한반도의 유일한 합법국가'로서는 소멸되어 지방정부로 격하되며 최종적으로는 북한노동당 규약이 불가역적으로 천명한 대로 한반도 전체의 공산통일로 나아간다. '국가연합 또는 낮은단계 연방제'는 國體변경을 하겠다는 공언이다. 문재인 씨는 노무현 전 대통령보다 더 왼쪽에 있고 이념적 소신도 더 강하다.

북한정권은 연방제를, "제도상의 통일이 아니라 북과 남에 있는 두 제도를 그대로 두고 북과 남이 연합하여 하나의 연방통일국가를 세우는 것"이라고 설명한다. 제도의 통일 없는 통일은 통일이 아니다. 이 말장난은 연방제를 하나의 전술로 내세워 궁극적으론 공산화통일을 하자는 의도를 드러낸 것이다. 헌법을 짓밟는 '국가연합'이나 '낮은단계 연방제' 운운하는 자가 대한민국의 조종실을 차지하는 것은 변란의 시작이 될 터이다.

2

'국가연합'의 反헌법성

裵振榮 · 月刊朝鮮 기자

"사실상 북한의 연방제 적화통일 방안을 수용한 헌법위반", "우리 헌법 제4조는 자유민주적 기본질서 아래에서의 통일만을 규정하고 있다. 따라서 기본권을 무시하고 세습독재를 계속하는 북한의 체제를 그대로 둔 채 '연방제'로 통일하는 것은 현행 헌법 아래서는 불가능하다."

'국가연합'과 '지방정부'

盧武鉉 대통령은 2004년 2월24일 방송기자클럽 회견에서 "우리의 통일은 독일처럼 흡수통합이 아니라 오랫동안 일종의 국가연합 체제로 갈 것이다. 이 체제는 끝을 기약할 수 없이 멀리 갈 것이다. 정치적 통합단계에서도 통일수도는 연합국가의 의회 사무국이 위치하는 상당히 상징적으로 만들어질 것이고 실질적 권한은 지방정부가 갖는다"고 말했다. 그는 통일수도는 "판문점이나 개성 일대에 서울이나 평양보다 규모가 작게 만들어질 것"이라고 밝혔다.

盧武鉉 대통령의 이 발언에 대해 언론은 주로 '통일首都' 관련 언급에 관심을 보였다. 朝鮮日報는 2월25일 '개성의 통일수도는 뭐고 충청권 수

도는 무엇인가'라는 제목의 해설 기사를, 2월26일에는 '수도를 몇 개나 만들 것인가'라는 제목의 社說을 내보냈다. 東亞日報도 "'수도 남발', 국민은 피곤하다"라는 時論을 실었다.

그러나 기자와 전화통화한 對北 전문가나 법학자들은 盧武鉉 대통령이 '국가연합'·'지방정부'라는 표현을 사용한 데 대해 문제를 제기했다. '국가연합'이라는 표현은 북한을 국가로 인정하는 것으로, '지방정부'라는 표현은 북한이 주장해 온 '연방제'를 수용하는 것으로 볼 수 있다는 것이었다.

우리 정부가 통일에 이르는 과도적 단계로 '연합'이라는 개념을 도입한 것은 1989년 盧泰愚 당시 대통령이 국회 연설에서 제시한 '한민족공동체 통일방안'부터였다. '한민족공동체 통일방안'은 ▲남북한 간 신뢰회복·상호협력의 과정을 거쳐 남북한 頂上회담을 통해 '민족공동체 헌장'을 채택하고, ▲'南北연합'을 형성한 후 ▲통일 헌법을 마련, 총선거를 실시해 통일정부와 통일국회를 구성함으로써 통일민주공화국을 수립한다는 내용을 담고 있었다. 1994년 金泳三 당시 대통령이 8·15 경축사를 통해 제시한 '민족공동체 통일방안'도 이와 大同小異하다. 金大中 정권도 '공식적'으로는 '한민족공동체 통일방안'과 '민족공동체 통일방안'의 계승을 다짐했었다.

일부 학자들은 '南北연합'을 '일종의 국가연합'으로 해석했다. '국가연합'이란 '複數의 국가가 조약에 의해 결합하고, 경제·외교 등 일정범위의 국가기능을 공통기관을 통하여 행사하는 국가결합'을 말한다. 국가연합을 구성하는 개별 국가들은 국제법상 평등한 主權국가이다.

"북한을 主權국가로 보는 '국가연합'은 違憲"

그렇다면 '南北연합'은 북한을 국가로 승인하는 것인가? 정부는 "'南北연합'은 1민족 2국가를 의미하는 '국가연합'이 될 수 없으며, 분단 상황下에서 완전한 통일 실현시까지 통일을 추구하는 '잠정적 관계'라는 점에서 특수한 결합 형태"라고 설명해 왔다(국토통일원, 1989년 '한민족공동체 통일방안'). 명칭에서도 정부는 '국가연합' 대신 '南北연합'라는 표현을 사용해 왔다.

金大中 前 대통령은 자신의 持論인 '3단계 통일론'에서 통일에 이르는 첫 단계로 '국가연합'을 주장했지만, 대통령 在任 중 공식적으로는 자신이 주장하는 '연합제'는 盧泰愚 대통령의 '한민족공동체 통일방안'에 나오는 '南北연합'과 같은 것이라고 주장해 왔다.

그런데 이번에 盧武鉉 대통령은 대한민국 대통령으로서는 처음으로 '국가연합'이라는 표현을 사용한 것이다.

諸成鎬(제성호) 중앙大 법대 교수는 "북한을 국가로 인정하는 것은 분열지향적이고 분단을 고착화하는 것이기 때문에 과거 우리 정부는 의도적으로 '국가연합'이라는 표현을 피해 왔다"고 말했다. 그는 "과거 南北연합을 얘기하면서도 우리 정부는 북한과의 관계에서 대한민국은 정통성을 갖는 '국가'이고, 북한은 국내법적으로는 우리 영토의 한 부분을 차지하고 있는 '反국가단체'로, 다만 그 '정치적 實體'는 인정한다는 입장을 견지해 왔다"고 말했다.

元老 헌법학자인 金哲洙 명지大 碩座(석좌)교수는 "우리 헌법上 '대한

민국의 영토는 한반도와 부속 島嶼(도서)로 한다'(제3조)고 되어 있기 때문에 북한을 主權국가로 보는 '국가연합'은 違憲"이라고 말했다.

宋榮大 前 통일원 차관도 "단일국가 형태를 지향하고 있는 현행 헌법을 개정하지 않고서는 국가연합이든, 연방이든 複數국가 형태로 전환하는 것은 불가능하다"고 말했다.

"盧武鉉이 말하는 '연합제'는 金大中의 '국가연합'"

宋榮大 前 통일원 차관은 "盧武鉉 대통령이 말하는 '연합제'는 金大中 前 대통령이 '3단계 통일론'에서 말한 '국가연합'을 얘기하는 것 같다"고 말했다. 李東馥(이동복) 前 南北고위급회담 대표도 "金大中·盧武鉉 대통령이 말하는 것은 '연합제'라지만, 내용은 '연방제'를 말하는 것"이라면서 盧武鉉 대통령의 '국가연합' 발언이 金大中 前 대통령의 '3단계 통일론'에 뿌리를 두고 있는 것으로 보았다.

金大中 前 대통령은 1995년 그동안 주장해 온 자신의 통일방안을 정리해 南北연합(1단계) → 연방제(2단계) → 완전통일 단계(3단계)로 이어지는 '3단계 통일론'을 내놓았다. 그는 여기서 '南北연합'을 '국가연합'이라고 규정하면서 "南北연합은 南北 당국이 정치적 결단을 내릴 경우 어렵지 않게 이루어질 수 있다. 이 점에서 남북한 간에 신뢰가 구축된 이후에야 南北연합이 가능하다고 보는 現 정부(기자 注: 金泳三 정부)의 입장과는 '통일에 대한 적극적 의지' 표명의 측면에서 기본적으로 문제의식을 달리하고 있다"고 주장했다('金大中의 3단계 통일론').

金大中 前 대통령은 2000년 6월16일 南北 정상회담을 마치고 돌아온 후 국무회의에서 "남측의 연합제案과 북측의 '낮은 단계의 연방제案'이 서로 공통성이 있다고 인정하고 앞으로 이 방향에서 통일을 지향시켜 나가기로 하였다"고 한 6·15 공동선언 제2항에 대해 설명하면서 여기서 말하는 남측의 '연합제案'은 자신의 '3단계 통일론'에서 나온 것임을 밝혔다.

이를 두고 국가정책으로 공식화되지 않은 私案을 가지고 북한과 협상했다는 비판이 나오자 그는 다음날 李會昌 한나라당 총재와의 회담에서는 "6·15공동선언의 '연합제案'이 盧泰愚 대통령 당시 '南北연합'이라고 말한 것과 똑같은 것"이라고 주장했다. 盧泰愚 대통령 당시 '한민족공동체 통일방안'이나 金泳三 정권의 '민족공동체 통일방안'에서 말하는 '南北연합'이 같은 것임을 감안하면, 이는 金泳三 정권의 통일방안에서 말하는 '南北연합'과 자신의 '3단계 통일론'에서 말한 '南北연합' 간의 차이를 강조했던 종전의 입장과도 배치되는 것이었다.

宋榮大 前 통일원 차관은 "6·15 공동선언에서 말하는 '연합제案'은 다분히 '낮은 단계의 연방'에 무게를 두고 있는 것으로 보인다. '낮은 단계의 연방'에서는 主權이 남북한 정부에 있다고 하지만, 이는 '높은 단계의 연방'의 初入 단계로 '높은 단계의 연방'으로 가서는 주권을 중앙정부로 이양하게 될 것이다. 따라서 6·15 공동선언에서 말하는 '남측의 연합제案'은 盧泰愚·金泳三 前 대통령이 말한 '南北연합'과는 본질적으로 다른 것이라고 생각한다"고 말했다.

對北 전문가들은 '지방정부', '통일수도'라는 표현에서 보이는 '연방제' 수용 가능성에 대해서도 민감한 반응을 보였다.

李東馥 前 南北고위급회담 대표는 "'국가연합'은 국가 간의 수평적 관계를, '연방제'는 한 국가 안에서 중앙정부와 지방정부 간의 수직적 관계 속에서 지방정부 간에 관계를 맺는 것을 말한다"면서 "盧武鉉 대통령이 '지방정부'라는 표현을 쓴 것은 말로는 '연합제'라고 하면서 실은 '연방제'를 말하는 것"이라고 지적했다.

諸成鎬 중앙大 교수도 "지방정부 개념은 '낮은 단계'건, '높은 단계'건 간에 연방제下에서나 가능한 개념으로 '국가연합'을 얘기하면서 '지방정부'를 얘기하는 것은 논리적으로 모순된다"면서 "대한민국이라는 국가를 국민이나 국회의 동의를 받지 않고 '지방정부'로 전락시키는 것은 違憲的"이라고 비판했다.

宋榮大 前 통일원 차관은 "국가연합 단계에서 반드시 수도가 필요한 것은 아니며, 국가연합을 구성하는 국가들 간에 협의체만 만들면 된다. 南北연합의 경우에도 마찬가지다. 그럼에도 '통일수도'를 언급한 것은 다분히 '연방제'를 염두에 둔 것으로 봐야 한다"고 말했다.

"'自由'보다 '民族' 우선하는 左右합작노선"

金哲洙 교수는 盧武鉉 대통령이 "우리의 통일은 독일처럼 흡수통합이 아니라 오랫동안 일종의 국가연합 체제로 갈 것이며, 이 체제는 끝을 기약할 수 없이 멀리 갈 것"이라고 말한 것도 비판했다. 金교수는 "盧武鉉 대통령이 완전한 통일까지 50년, 100년이 걸릴 것처럼 얘기하는 것을 듣고 놀랐다"면서 "여건이 되면 독일식 통일을 해야지, 그렇게 하지 않겠다

는 것은 말도 안 된다"고 비판했다.

金 교수는 연방제 통일에 대해 "우리 헌법 제4조는 자유민주적 기본
질서 아래에서의 통일만을 규정하고 있다. 따라서 기본권을 무시하고 세
습독재를 계속하는 북한의 체제를 그대로 둔 채 '연방제'로 통일하는 것
은 현행 헌법 아래서는 불가능하다"고 말했다.

洪官憙(홍관희) 통일연구원 평화안보연구실장은 "'연방제'를 주장하는
것은 대한민국과 북한을 等價的으로 보는 思考 방식의 발로로, '自由'보
다 '民族'을 우선하는 左右 합작 노선"이라고 비판했다.

'국가연합'과 '지방정부'에 대해 언급한 盧武鉉 대통령 발언의 진의를
알아보기 위해 대통령의 '공식적'인 통일·외교·안보 보좌관인 청와대 국
가안보보좌관실로 전화를 걸었다. 전화를 받은 某국장은 자신 없는 목
소리로 "盧대통령의 '국가연합' 발언이 종래 정부의 통일방안에서 벗어나
는 새로운 통일방안을 제시하는 것은 아닐 것"이라면서 "자세한 내용은
국가안전보장회의(NSC)에 알아보는 것이 좋겠다"고 말했다.

국가안전보장회의 李鍾奭(이종석) 사무차장 앞으로 질문지를 보냈으
나, 공보관을 통해 "통일부에 문의하는 것이 좋겠다"는 대답이 돌아왔다.

申彦祥(신언상) 통일부 통일정책실장은 盧武鉉 대통령의 발언에 대해
"우리 정부는 1989년 이래 '남북연합'의 성격에 대해 '국가연합의 일종'이
지만, 한반도의 특수성을 감안해 '국가 對 국가' 간의 관계로 규정하지
는 않아 왔다. 盧武鉉 대통령이 '일종의 국가연합'이라는 표현을 쓴 것도
마찬가지다"라고 말했다. 그는 '지방정부'라는 표현에 대해서는 "盧대통
령이 국민들에게 이해하기 쉽게 설명하려다 보니 '지방정부'라는 표현을

쓴 것 같은데, '남북연합' 단계에서는 南과 北의 정부가 그대로 유지되는 것"이라면서 "결론적으로 정부가 1989년 '한민족공동체 통일방안' 이후 견지해 온 입장에서 변화는 없다"고 말했다.

盧 대통령이 쓴 '국가연합'·'지방정부'란 단어는 대한민국의 헌법과 공식 통일방안에는 없고, 북한의 적화통일 방안에는 유사한 개념이 있다. 한 애국단체는 이런 점을 지적하면서 "지금 盧 대통령의 머리에는 金正日이 들어 있는가"라고 물었다. (월간조선 2004년 4월호)

3

문재인이 노무현보다 더 좌경: '낮은단계 연방제'는 공산화의 첫 단계

趙甲濟·조갑제닷컴 대표

겁도 없이 북한식 '낮은단계 연방제'로 통일하겠다는 말을 처음 한 사람은 김대중도, 노무현도 아닌 문재인이다.

문재인 씨는 대통령이 되면 우리 법원이 '공산화 통일 방안'이라고 규정한 '북한식 연방제 통일방안의 제1단계(낮은단계 연방제 또는 국가연합)'를 추진하겠다고 공언한다.

2000년 10월6일 평양 중앙노동자회관에서 열린 고려민주연방공화국 창립 방안 제시 20돌 기념식에서 조국평화통일위원회 서기국장 안경호는 이렇게 말했다. 좀 길지만 중요한 내용이므로 인용한다. 문재인 씨가 대통령이 되면 하겠다는 '낮은단계 연방제'가 도대체 무엇인지를 알 수 있다.

〈고려민주연방공화국 창립방안은 북과 남이 서로 상대방에 존재하는 사상과 제도를 인정하고 용납하는 기초 위에서 북과 남이 동등하게 참가하는 민족통일 정부를 내오고 그 밑에 북과 남이 같은 권한과 의무를 지닌 지역정부를 두고 각각 지역 자치제를 실시하는 연방공화국을 창립하여 나라의 통일을 이룩하는 것을 기본내용으로 하고 있습니다. 위대한 수령님께서는 연방국가의 통일정부는 최고민족연방회의이고 그 상임기구는 연방상설위원회이며 통일정부는 북과 남의 두 지역정부를 지도하고 정치문제와 조국방위문제, 대외관계 문제들을 토의 결정하며 나라와 민족의 통일적 발전을 위한 사업과 북과 남 사이의 단결과 합작의 실현을 추진하게 된다는 데 대해서 밝히시었습니다. 연방을 구성하는 지역정부들은 연방정부의 지도 밑에 슨민족의 이익과 요구에 맞는 범위 안에서 독자적인 정책을 실시하며 모든 분야에서 북과 남 사이의 차이를 줄이고 나라와 민족의 통일적 발전을 위해 노력할 의무를 지니게 된다는 데 대해 명시하시었습니다.

연방국가가 실시해야 할 10대 시정방침에는 국가활동의 모든 분야에서 자주성을 확고히 견지하고 북과 남 사이에 다방면적인 합작과 교류를 실시하는 문제, 중립적이며 평화애호적인 대외정책을 실시하는 문제 등 통일국가의 대내외 정책의 기본방향들이 구체적으로 밝혀져 있습니다.

그러나 우리나라의 통일을 달가워하지 않은 외세의 조종 밑에 남조선 당국자들이 이 합리적인 통일방안을 받아들이지 않는 실상에서 위대한 수령님께서는 1991년 신년사에서 연방공화국 창립방안에 대한 민족적 합의를 보다 쉽게 이루기 위하여 잠정적으로는 연방공화국의 지역자치정부에 더 많은 권한을 부여하며 장차로는 중앙정부의 기능을 더욱 더 높여 나가는 방향에서 연방제 통일을 점차적으로 완성할 데 대한 방안도 천명하시었습니다. 이 방안은 결국 낮은 형태의 연방제안입니다. (中略)

북과 남이 서로의 통일방도에서 우리의 낮은 단계의 연방제안과 남측의 연합제안이 서로 공통성이 있다고 인정하고 앞으로 이 방향에서 통일을 지향시켜나가기로 합의한 것은 나라와 민족이 갈라진 일에 처음으로 통일방도와 관련하여 북과 남 사이에 이룩된 중요한 성과의 하나입니다. 우리의 낮은 단계의 연방제안은 하나의 민족, 하나의 국가, 두 개 정부의 원칙에 기초하여 북과 남에 존재하는 두개 정부가 정치 군사 외교권을 비롯한 현재의 기능과 권한을 그대로 가지게 하고 그 위에 민족통일기구를 내오는 방법으로 북남관계를 민족공동의 이익에 맞게 통일적으로 조종해나가는 것을 기본내용으로 하고 있습니다.(下略)〉.

　문재인 씨가 이루려는 '낮은단계 연방제'는 대한민국의 통일방안이 아니라 북한정권의 통일방안이다. 북한정권은, 〈우리의 낮은 단계의 연방제안은 하나의 민족, 하나의 국가, 두 개 정부의 원칙에 기초하여 북과 남에 존재하는 두 개 정부가 정치 군사 외교권을 비롯한 현재의 기능과 권한을 그대로 가지게 하고 그 위에 민족통일기구를 내오는 방법으로 북남관계를 민족공동의 이익에 맞게 통일적으로 조종해나가는 것을 기본내용으로〉 하고 있으므로 이 방식대로 하면 대한민국은 '남측 지방 정부'로 격하된다. 지방 정부가 '정치 군사 외교권을 비롯한 현재의 기능과 권한을 그대로 가지게' 되더라도 국가가 아닌 것은 부인할 수 없다. 反국가단체 북한정권은 북한 지역 정부 역할을 할 것이다. 낮은단계 연방제는, 대한민국을 反국가단체 수준으로 격하시키는 것이다. 남북한 지역 정부 위에 얹히는 '민족통일기구'가 중앙정부, 즉 국가역할을 하는데, 그 핵심은 북한 공산당과 남한 내 종북좌파가 차지하게 될 것이다. 그렇다면 중앙정부는 사실상 공산당 정권이 될 수밖에 없다. 연방제 통일안의 목적은, 북한정권의 최고 규범인 노동당 규약에 적힌 대로 한반도 전체의 공산화이다.

〈조선로동당의 당면 목적은 공화국 북반부에서 사회주의 강성대국을 건설하며 전국적 범위에서 민족해방과 인민민주주의 혁명의 과업을 수행하는 데 있으며 최종목적은 온 사회를 주체사상화하여 인민대중의 자주성을 완전히 실현하는 데 있다.〉

연방제 안은 이 목적을 달성하기 위하여 만든 '1국가 2체제'라는 위장 전술인데, 적화통일에 방해가 되는 주한미군−韓美동맹−국가보안법을 없애기 위한 논리로 써 먹고 있다. 대한민국 헌법은 북한을 反국가단체, 북한지역을 대한민국 영토, 그 북한지역을 평화적으로 자유통일하는 것을 국가의 의무로 규정하였으므로 '낮은 단계의 연방제'는 헌법 1조(민주공화국), 3조(영토규정), 4조(평화적 자유통일) 위반이다. 문재인은 대통령이 되면 북한式 통일방안으로 헌법을 짓밟고, 대한민국을 소멸시킨 뒤 공산화의 첫 단계를 열겠다고 공언하고 다니는 셈이다.

그가 사상적으로 노무현보다 훨씬 좌경적이고 위험하다는 점을 모르는 이들이 많다. 북한식 '낮은단계 연방제'로 통일하겠다는 말을 처음 한 사람은 김대중도, 노무현도 아닌 문재인 씨다. (2012년 11월15일)

4

종북세력의 낮은단계 연방제 전략

金泌材 · 조갑제닷컴 기자

북한의 한반도 적화통일 전략인 '연방제'는 1960년 '과도적 연방제', 1980년 '고려민주연방공화국', 1991년 '느슨한 연방제' 즉 '낮은 단계의 연방제'로 명칭만 변화해 왔다.

헌법재판소는 2014년 12월19일 통합진보당(통진당) 해산 결정을 선고하면서 "통진당 주도세력이 연방제 통일을 추구하고 있는데 '낮은단계 연방제' 통일 이후 추진할 통일국가의 모습은 과도기 진보적 민주주의 체제를 거친 사회주의 체제"라고 밝혔다. 憲裁의 논리로 보면 '낮은단계 연방제'의 결과는 남한 체제의 사회주의로의 변환이라 할 수 있다. 지난 대선에서 문재인 후보는 여러 번 '낮은단계 연방제'를 주장했다.

《6·15공동선언 제2항은 본질상 낮은단계 연방제를 합의한 조항이다. 낮은단계 연방제 방안과 '국가연합안'은 형태상 공통성과 본질적 상이성이 존재하지만, 6·15공동선언은 '국가연합안'을 '연합제안'이라고 고쳐 명명하고 '나라의 통일을 위한'이라는 전제를 명시하여 그 본질적 상이성을 제거하고 있다. 그러므로 6·15공동선언 제2항을 실현하는 것은 낮은

단계 연방제를 실현하는 것이며, 그것은 당연히 자주통일운동의 전술목표가 된다.》(출처: 북한 對南선전·선동 매체 〈반제민족민주전선〉, 2005년 7월17일 작성 문건)

문재인 씨는 18대 대선에서 "낮은단계 연방제 정도는 반드시 이루겠다"고 공언했다. 이는 國體 변환의 첫 단계를 실현하겠다는 선언으로 해석해야 맞다.

대통령 후보가 안보의 기본 틀을 허무는 주장을 해도 언론은 이에 침묵하며, 유권자들에게 바른 선택을 위한 정보를 제공하지 않았다. 反헌법적 통일방안을 가진 인물이 국군통수권자가 되면 국군은 憲法 체제를 허물고, 국가를 敵에게 넘기는 반란군 역할을 할 수도 있다. '낮은단계 연방제'의 實體는 통합진보당 내 최대 계파로 알려진 '경기동부연합'의 연계조직이었던 '민주주의민족통일전국연합'(이하 전국연합)의 문건을 통해서도 확인된다.

전국연합은 1991년 출범 이래 줄곧 국보법 철폐, 주한미군 철수, 6·15 공동선언 2항의 실현인 '낮은 단계의 연방제' 구현 및 자주적 민주정부(인민민주주의 정권)수립 후 1민족1국가2제도2체제의 '연방통일조국건설'을 지향했던 단체이다. 전국연합은 2001년 9월22~23일 충북 보람원수련원 '민족민주전선일꾼전진대회'에서 〈3년의 계획, 10년의 전망 광범위한 민족민주전선 정당건설로 자주적 민주정부 수립하여 연방통일조국 건설하자〉는 이른바 '9월 테제'(별칭 '군자산의 약속')를 채택한 바 있다.

당시 전국연합의 오종렬(前 한국진보연대 상임고문) 상임의장은 "연방통일조국을 실현하는 힘은 우리 위대한 민중들에게 있지만 그들의 힘

을 하나로 모으는 것은 굳건한 민족민주전선이다…(중략) 식민지 지배질
서가 온전하고 있는 우리 사회에서 전민중의 전면적 항쟁은 미국의 식민
지배와 분단장벽을 허물고 자주와 민주, 통일의 새 세상을 안아올 수 있
는 지름길"이라며 소위 식민 지배 상태에 있는 남한을 해방, 남북연방제
로 통일하자고 주장했다.

자료집은 구체적으로 '낮은단계 연방제'에 대해 ▲평화협정 체결을 통
한 주한미군 철수 ▲국보법 철폐로 남북 連帶(연대)·聯合(연합) 합법화
▲남북 諸(제)정당사회단체연석회의를 통한 민족통일기구 구성 등이 기
초가 될 것이라고 밝혔다. '연방통일조국 건설'에 대해서는 ▲북한의 '사
회주의혁명역량'과 미국의 '제국주의세력'의 대결에서 사회주의혁명역량
이 승리하고, 남한 내 '민족민주전선역량'이 '親美예속세력'의 대결에서
민족민주전선역량이 승리한 뒤, ▲남한 내 '민족민주전선역량'의 反帝(반
제)투쟁이 북한의 '사회주의혁명역량'이 승리의 기선을 잡은 反帝戰線에
加勢(가세)-結集(결집)하는 양상으로 전개될 것이라고 했다. 결국 '낮은
단계 연방제'가 실현되면, 한반도 공산화 통일의 장애가 되는 韓美동맹
(주한미군)이 자연스럽게 해체된다. 주한미군 철수 이후에는 국보법 철폐
와 공산활동 합법화가 이뤄져 '높은단계 연방제'(북한주도 흡수통일: 한
반도 공산화)로 귀결된다.

북한은 '민족해방인민민주주의' 혁명(NLPDR) 달성을 위한 통일전선
슬로건(slogan)으로 自主, 民主, 統一(이하 自民統)을 전술적 행동지침
으로 삼고 있다. 自民統과 관련해 북한의 對南선전선동 매체인 '반제민
전'은 '전국적 범위에서 민족해방과 인민민주주의의 혁명과업을 완수한

다'는 〈조선로동당 규약〉의 내용을 근거로 "우리나라의 일부지역을 강점하고 있는 미제 점령군을 축출함으로써 식민통치체제를 청산하는 한편, 식민지 예속 정권을 자주적 민주정권으로 교체하고 그 새로운 정권이 민족해방민주주의혁명의 과업을 끝까지 완수하는 것"이라고 밝히고 있다. 이와 함께 "미제 점령군을 몰아내고 반혁명세력을 타승함으로써 식민지예속체제, 국가보안법체제를 청산하는 것은 곧 자주적 민주정권을 수립하는 것이다. 자주적 민주정권의 정치강령과 전국적 통일전선의 정치강령은 동일하게 자주·민주·통일의 3대 강령"이라고 했다.

따라서 북한과 북한을 추종하는 남한 내 從北세력이 주장하는 自主는 주한미군 철수를 위한 반미자주화 투쟁을 의미한다. 民主라는 용어는 남한의 자유민주주의 정권을 타도해 從北세력이 주도하는 인민민주주의 정권 수립을 위한 反파쇼 민주화투쟁(예: 국보법 철폐, 국정원, 기무사, 경찰 보안수사대 해체)을 의미한다.

統一이라는 용어는 대한민국 憲法에 입각한 자유민주주의적 통일(자유통일)이 아니라 북한이 주도하는 연방제 赤化통일을 의미한다. 북한은 從北세력과 함께 自民統 노선투쟁을 통해 낮은단계 연방제가 실현되면 한반도 赤化통일을 위한 전국적 범위의 통일전선이 형성된다고 보고 있다. (출처: 〈조선노동당의 강령과 전국적 통일전선의 강령〉, 통일여명 편집국, 2002년 9월)

낮은단계 연방제와 이를 실현하기 위한 '3대 투쟁강령(자주·민주·통일)의 정체가 북한의 對南전략 노선에 따른 통일전선 슬로건이라는 사실을 국민상식화하는 운동이 전개되어야 한다. (2015년 7월1일)

5

〈조갑제닷컴〉의 질문에 묵묵부답

金泌材·조갑제닷컴 기자

문재인 측에 '낮은단계 연방제'를 고수하는지 여부를 세 차례나 물었지만…

문재인 "낮은단계 연방제 꼭 실현할 것"

《6·15공동선언 제2항은 본질상 낮은단계 연방제를 합의한 조항이다. 낮은단계 연방제 방안과 '국가연합안'은 형태상 공통성과 본질적 상이성이 존재하지만, 6·15공동선언은 '국가연합안'을 '연합제안'이라고 고쳐 명명하고 '나라의 통일을 위한'이라는 전제를 명시하여 그 본질적 상이성을 제거하고 있다. 그러므로 6·15공동선언 제2항을 실현하는 것은 낮은단계 연방제를 실현하는 것이며, 그것은 당연히 자주통일운동의 전술목표가 된다.》(출처: 북한 對南선전–선동 매체 '반제민족민주전선(반제민전)', 2005년 7월17일자 문건)

　문재인 더불어민주당 前 대표는 지난 18대 대선을 앞두고 '한국일보'

(2011년 2월11일)와 가진 인터뷰에서 "김대중, 노무현 정부를 거치면서 '국가연합' 혹은 '낮은 단계의 연방제'에 이를 수 있다는 희망을 품을 정도가 됐다"고 말했다.

문 前 대표는 이듬해인 2012년 8월16일 인천시청에서 열린 김대중 前 대통령 서거 3주기 인천 추모식에 참석해 추모사에서 "김대중 前 대통령은 우리 모두의 영원한 멘토"라며 "저도 감히 그 정신과 가치를 이어받아 그분의 유지를 이루고 그분이 꿈꿨던 세상에 한 걸음 더 나아가고 싶다"고 말했다. 그러면서 그는 "'남북국가연합' 또는 '낮은 단계의 연방제'를 꼭 실현해 (김대중 前 대통령이) 6·15선언에서 밝힌 통일의 길로 나아가고 싶다"고 밝혔다.

문 前 대표는 지난 대선에서 일관되게 '국가연합', 그리고 '낮은단계 연방제'를 언급했다.

대한민국 헌법은 북한을 국가로 인정하지 않고 있다. 북한은 우리 헌법상 '외국'도 아니고, 한반도 북부를 무단 점령한 '反국가단체'이다. 따라서 북한을 국가로 인정하고 대등한 국가 간 결합을 의미하는 '국가연합', 나아가 대한민국을 反국가단체인 북한과 대등한 일개 지방정부로 격하시킨 연방제(낮은단계 연방제 포함)는 反헌법적 발언이라 할 수 있다.

전화, 팩스, 메일 보냈으나 답변 없어

〈조갑제닷컴〉은 3월15일 문재인 대선 캠프(공보팀)에 세 차례에 걸쳐 팩스(fax)를 보내 ▲2017년 3월 현재까지 지난 대선 때 언급했던 국가연합과 낮은단계 연방제를 고수하고 있는지의 여부 ▲문 前 대표가 언급해온 국가연합과 낮은단계 연방제가 어떤 방식의 통일방안인지에 대한 해명 ▲문 前 대표가 말하는 낮은단계 연방제가 북한의 통일방안과 동일한 것인지의 여부 등을 물었다.

이후 아무런 답변이 없어 다시금 문 前 대표 캠프의 공보팀 관계자 A 씨(남성)와 통화를 한 뒤 그가 준 메일로 같은 내용의 질문지를 보냈다. 기자가 보낸 메일을 A 씨가 본 것을 인터넷을 통해 확인했다. 그런데도 3월21일까지 답변을 주지 않고 있다.

낮은단계 연방제는 북한의 통일방안

참고로 북한의 통일방안은 과도적연방제(1960년), 고려연방제(1980년), 낮은단계 연방제(1991년)로 이름만 바뀌어왔다. 북한은 고려민주연방공화국 창립방안 제시 20주년(2000년 10월6일) 평양시보고회에서 낮은단계 연방제의 구체적인 내용을 아래와 같이 밝힌 바 있다.

《낮은 단계 연방제안은 하나의 민족, 하나의 국가, 두 개 제도, 두 개 정부의 원칙에 기초해 북과 남에 존재하는 두 개의 정부가 정치, 군사, 외교권을 비롯한 현재의 기능과 권한을 그대로 가지게 하고 그 위에 민족통일기구를 내오는 방법으로 북남관계를 통일적으로 조정해 나가는 것을 기본내용으로 하고 있다.》

북한의 통일방안인 낮은단계 연방제는 기존의 고려연방제와 같은 높은단계연방제(前 한반도의 공산화) 통일방안과 달리 선결조건(주한미군 철수, 국보법 폐지, 공산활동 합법화)이 없는 것이 특징이다. 그러나 이러한 선결조건이 없는 것이 바로 낮은단계 연방제의 함정이다.

남북한이 낮은단계 연방제에 의해 통일을 하게 되면 하나의 국가를 형성하는 것이기 때문에 결국 외국군(주한미군) 철수 문제가 자연스럽게 대두된다. 주한미군 철수 이후에는 국보법 철폐, 공산활동 합법화 등이 자연스럽게 이어져 높은단계연방제로 귀결된다.

최근 기자간담회에서 "연방제 준하는 지방분권공화국" 언급

문재인 前 대표의 경우 올 들어 총 여덟 차례에 걸쳐 연방제 발언(출처: 문재인 블로그)을 했다. 구체적인 내용은 "연방제에 버금가는 지방분권 공화국을 만들겠다"는 것이었다.

그는 지난 1월11일 충북 청주에서 가진 기자간담회에서 "저는 지난번 대선 때 이미 헌법을 개정해서라도 연방제에 준하는 그런 지방분권공화국을 만들고, 강력한 국가균형발전정책을 펴나가겠다고 그렇게 공약을 했습니다. 지금도 유효합니다"라고 말했다.

문 前 대표가 지난 대선 때 언급한 '연방제'는 '낮은단계 연방제'였다. 지난 대선에서 〈조갑제닷컴〉을 제외한 대부분의 국내 언론은 '낮은단계 연방제'의 문제점을 거론하지 않았다. 대통령 후보가 안보의 기본 틀을 허무는 주장을 했는데도 언론은 이에 침묵하며, 유권자들에게 바른 선택을 위한 정보를 제공하지 않은 것이다. 문 前 대표는 자신이 언급한 통일방안의 實體를 국민에게 소상히 알려야 할 것이다. (2017년 3월21일)

'송민순 회고록'과 문재인의 책임

1

피해자가 강도에게
"신고해도 됩니까"라고 묻다!

趙甲濟 · 조갑제닷컴 대표

UN의 북한인권 결의안에 한국이 기권을 할지 찬성을 할지도 북한정권에 물어보고 결정했다는 당시 외교통상부 장관의 치명적 폭로

북한인권결의안 찬성 주도

宋旻淳(송민순) 전 외교통상부 장관이 쓴 회고록《빙하는 움직인다》에는 노무현 정부 때의 핵문제와 남북문제, 그리고 韓美, 韓中 관계에 대한 秘話(비화)가 많이 실려 있다. 6자회담 수석 대표, 청와대 안보실장, 그리고 외교통상부 장관을 지낸 관계로 그의 글은 實感(실감)이 넘친다. 고급 정보가 많고, 특히 頂上級(정상급) 외교의 막후 이야기가 흥미롭다. 진행 중인 北核 위기에 대한 충고도 주목할 만하다. 보수세력에 대한 비판도 있지만 노무현 정부 내의 親北的(친북적) 행태에 대한 폭로도 있어 어느 정도 균형을 이룬다.

유엔의 북한인권결의안 표결 결정 과정에 대한 기록은 생동한다. 유엔

인권위원회는 2003년부터 북한에서 조직적이고 광범위한 인권 침해가 자행되고 있음을 비판하고 개선을 촉구하는 결의안을 채택해왔다. 한국 정부는 2005년까지는 세 차례에 걸쳐 이 결의안 표결에 불참하거나 기권했다.

송민순 씨는 〈우리가 유엔의 북한인권결의안 채택에 앞장설 필요까지는 없지만 회원국들의 집단적 권고인 만큼, 남북관계와는 분리하여 이 결의안에 찬성하는 것이 맞다고 생각했다〉고 한다.

2006년 북한인권결의안은 11월 중순 표결 예정이었는데 10월9일 북한이 핵실험을 했다. 한국은 이미 그해 7월 북한의 장거리 미사일 시험발사 후부터 식량 지원 중단 등 對北 압박을 가하고 있었다. 북한인권결의안에 대해 외교부는 찬성, 통일부는 기권으로 갈렸다. 표결 며칠 전부터 안보정책조정회의가 열렸는데 통일부의 기권 주장이 우세했다고 한다.

송민순 씨는 당시 대통령 안보실장으로서 부처 간 입장을 조율해야 했다. 안보정책조정회의에서 결론을 낼 수가 없었다. 보통 합의된 의견을 대통령에게 건의해서 최종 결정을 받는 것이 순서였지만, 이 경우엔 외교부와 통일부의 입장, 그리고 안보실장의 견해를 병기해서 대통령에게 보고했다. 당시 여당도 결의안 찬성에 반대하고 있었다. 노무현 대통령은 "여당과의 의견충돌도 생각해야 하겠지만, 명분상의 문제이니 찬성 쪽으로 설득하자"고 결정했다. 북한인권결의안이 유엔에 상정된 후 한국은 처음으로 찬성투표했다.

2007년 다시 북한인권결의안 표결 문제가 대두되었다. 이번에는 송민순이 외교부장관으로서 책임을 져야 했다.

문재인, 기권 종용

그해 11월1일 기자회견에서 결의안 찬성 여부에 대한 질문을 받고 송 장관은, "정부가 2006년 유엔의 북한인권결의안에 찬성 투표한 것이 우리의 입장을 공식적으로 표현한 것"이라고 했다. 문제는 한 달 전 10월에 노무현-김정일 회담이 있었다는 점이었다. 11월15일 이 문제가 안보정책조정회의에서 정식으로 논의되었다. 송 장관은, "이번 결의안이 이미 우리의 요구를 반영해서 크게 완화되었고, 우리가 북한의 인권 상태를 중시한다는 입장을 취해야 국제사회도 우리의 對北정책에 신뢰를 보이고 지원할 것"이라고 주장했다.

이재정 통일부 장관, 김만복 국정원장, 백종천 안보실장의 입장은 달랐다고 한다. 북한인권결의안이 북한의 체제에 대한 內政(내정)간섭이 될 수 있고 또 인권결의안으로 실제 북한 인권이 개선된다는 효과를 기대할 수 없으며, 특히 어렵게 물꼬를 튼 남북관계 발전에 지장을 초래한다는 이유로 기권을 주장했다는 것이다. 김장수 국방장관은 특별한 의견이 없었다고 한다.

송 장관이 "꼭 그렇다면 찬성과 기권 입장을 병렬해서 지난해처럼 대통령의 결심을 받자"고 했더니 문재인 비서실장이 왜 대통령에게 그런 부담을 주느냐면서 다수의 의견대로 기권으로 합의해서 건의하자는 것이었다. 송민순 장관이 동의할 수 없다면서 버티자 회의는 파행되었다.

이러한 상황은 대통령에게 보고되었다고 한다. 송민순 회고록은 이렇게 이어진다.

〈마침 이 시기, 서울에서 남북 총리회담이 열리고 있었다. 11월16일 노 대통령은 북한의 김영일 총리를 포함한 남북 대표를 청와대로 초청하여 오찬을 가졌다. 11월20일에는 유엔의 표결이 예정되어 있었고, 월요일인 19일에는 대통령이 '아세안+3' 정상회담 참석차 싱가포르로 출국하게 되어 있었다. 그래서 11월16일 오후 대통령 주재 하에 나와 통일부 장관, 국정원장, 비서실장, 안보실장 등 5인이 토론했다. 대통령은 다 듣고 나서는 "방금 북한 총리와 송별 오찬하고 올라왔는데 바로 북한인권 결의안에 찬성하자고 하니 그거 참 그렇네" 하면서, 나와 비서실장을 보면서 우리 입장을 잘 정리해보라는 말을 남기고 자리를 떴다. 우리는 뒤에 남아서 더 격론했지만 결론을 낼 수 없었다.〉

송 장관은 그날 대통령에게 편지를 썼는데 요지는 이러했다.

〈저의 거칠지만 솔직한 생각을 말씀드리겠습니다. 6자회담 수석대표, 안보실장, 그리고 외교장관에 봉직하면서 한반도 분단 해소를 향한 대통령의 꿈에 조금이라도 도움이 될까 해서 부족하지만 제가 할 수 있는 모든 것을 다해왔습니다. 핵문제 해결과 남북관계가 함께 진전되도록 미국을 포함한 여러 나라들을 우리 정책으로 끌어오기 위해 한시도 눈을 옆으로 돌릴 수 없었습니다. 이번 인권결의안 문제는 인권정책을 넘어 우리가 다른 나라들과의 협력을 바탕으로 하여 북한을 국제사회의 일원이 되도록 하는 우리 외교안보정책의 추진동력에 직접 영향을 줍니다. 지난해 우리는 처음으로 이 결의안에 찬성했고 그때도 북한이 소리만 냈지, 실제 자신들이 필요하면 수시로 우리에게 접근해왔습니다. 이미 우리의 주도로 결의안 내용을 많이 완화시킨 것도 북한이 알고 있습니다. 기권할 경우, 앞으로 남은 기간 비핵화를 진전시키고, 평화체제 협상을 출범시키는 데 제가 할 수 있는 일이 뭔지 막막합니다.〉

노 대통령은 주무기관인 외교장관이 그토록 찬성하자고 하니 비서실장이 다시 회의를 열어 의논해보라고 지시하였다. 저녁 늦게 청와대 서별관에 도착하니 다른 네 사람은 미리 와 있었다. 그는 "내가 장관 자리에 있는 한 기권할 수 없다"고 했다.

북측의 반발에 대해서는 너무 우려하지 말라면서 유엔에서 남북대표부 간 막바지 접촉 경과를 설명했다. 한국 외교관들은 남북 경제협력과 인도적 지원을 원활하게 하려면 한국이 나서서 완화시킨 결의안 정도에는 찬성하는 것이 현실적 방안이라고 북측을 설득하고 있었다.

북한의 위협에 굴복

김만복 국정원장이 그러면 남북 채널을 통해서 북한의 의견을 직접 확인해보자고 제안했다. 다른 세 사람도 그 방법에 찬동했다. 송 장관은 "그런 걸 물어보면 어떡하나. 나올 대답은 뻔한데. 좀 멀리 보고 찬성하자"고 주장했다. 한참 논란이 오고간 후 문재인 실장이, 일단 남북 경로로 확인해보자고 결론을 내렸다고 한다.

다음 날인 11월19일 아침 대통령을 수행해서 싱가포르로 출국했다. 11월20일 저녁 대통령의 숙소에서 연락이 왔다. 방으로 올라가보니 대통령 앞에 백종천 안보실장이 쪽지를 들고 있었다고 한다.

'역사적 북남 수뇌회담을 한 후에 反공화국 세력의 인권결의안에 찬성하는 것은 정당화 될 수 없다. 북남 관계 발전에 위태로운 사태를 초래할 테니 인권결의 표결에 책임있는 입장을 취하기 바란다. 남측의 태도를 주시할 것이다'라는 요지였다고 한다. 송 장관은 백 실장을 바라보면서 "이렇게 나올 줄 모르고 물어봤느냐"라고 했다. 대통령도 기분이 착잡한 것 같았다. "북한한테 물어볼 것도 없이 찬성투표하고, 송 장관한테는 바로 사표를 받을까 하는 생각도 얼핏 들었는데…"하며 말을 끝맺지 않았다. 그는 "오히려 그게 맞습니다. 지금 이 방식은 우리의 對北정책에도 좋지 않고 對外관계 전반에도 해롭습니다"라고 했다. 노 대통령은 "그런데 이렇게 물어까지 봤으니 그냥 기권으로 갑시다. 묻지는 말았어야 했는데… 송 장관, 그렇다고 사표 낼 생각은 하지 마세요"라고 했다고 한다.

다음날 유엔에서 한국은 북한인권결의안 투표에 기권했다. 4년 사이에 한국은 이 결의안에 대해 불참–기권–찬성–기권으로 가는 지그재그 행보를 걸었다.

〈11월19일 서울에서는 버시바우 미국 대사가 조중표 차관에게 한국이 전년도와 같이 북한인권결의안에 찬성투표해줄 것을 마지막으로 요청해왔다. 미국 행정부는 한국이 인권이라는 보편적 가치에 동참하지 않을 경우 對北 정책 공조에 미칠 영향은 물론 의회와 언론으로부터 동맹 관리를 잘못하고 있다고 비판받을 것을 우려했다. 對北 정책에 대한 의회의 지지를 받기도 어려운 것이다. 당시 나는 라이스에게 얼마 남지 않은 기간이라도 비핵화를 진전시키고 평화체제 출범 여건도 만들도록 최선의 노력을 다하자고 다짐하고 있을 때였다. 그러나 인권이라는 보편적 원칙 하나도 제대로 못 지키면서 미국더러 우리와 공동보조를 취해서 평화체제 기반을 같이 닦자고 하는 것이 별로 설득력이 없었다.〉

동맹국엔 협조 거부, 敵엔 굴종

노무현 정부는 동맹국인 미국 대사의 인도적 권유를 거부하고 북한정권의 비인도적 압력에 굴복한 셈이다. 송민순 전 장관은 이렇게 덧붙였다.

〈이후 정권이 바뀌어 이명박·박근혜 정부에서는 북한인권결의안에 대해 단순한 찬성투표를 넘어 결의안 발의를 주도했고, 對北정책도 전면 전환했다. 만약 노무현 정부가 2006년에 이어 2007년에도 일관되게 북한인권결의안에 찬성했다면 다음 정부가 10·4 선언을 포함한 노무현 정부의 對北정책을 뒤집을 명분을 찾기가 그렇게 쉽지는 않았을 것이다.〉

직설적으로 표현하면 피해자가 강도에게 "신고해도 됩니까"라고 물어보고 신고를 보류하였다는 이야기이다. 북한정권에 물어보고 인권결의안 찬성 여부를 결정하자던 문재인 씨는 요사이 중국의 양해를 얻어 사드를 배치하자는 식의 주장을 한다. 대한민국 국민과 북한 주민을 합친 7000만의 안전보다도 한 줌 안 되는 북한정권과 중국 지배층의 심기를 더 존중한다. 그가 대한민국 조종실의 조종간을 잡는다면 5000만 명이 탄 비행기는 하이재킹(납치)된 꼴이 되든지 어디로 날지 모르게 될 것이다. 교전 상대의 敵將(적장)에게 물어보고 작전을 짜는 지휘관이 있다면 사형감이다. 참고로 2014년 10월13일 문재인 의원은 최윤희 합참의장에게 사드 배치와 관련하여 아래와 같은 질문을 하였다.

〈어쨌든 중국하고 러시아가 강력하게 반발을 하고 있고, 그렇지요? 그 다음에 그렇게 되면 북한도 장거리미사일, 대륙간 탄도미사일 개발에 더 박차를 가할 수도 있고, 그렇지요? 만약에 THAAD 포대가 평택 같은 데 배치가 된다면 그러면 또 평택이 유사시에 중국이나 이런 쪽의 타격 대상이 될 수도 있고 이런 문제 때문에 많은 국민들이 걱정하고 있지 않습니까?〉 (2016년 10월15일)

2

'송민순 회고록'의 핵심: 노무현과 김정일의 反美 공조

趙甲濟

이런 노무현의 노선을 이어받겠다는 이가 문재인 씨다. 공산화 통일의 제1단계인 낮은 단계 연방제에 찬성하고, 사드 배치를 반대하며, 대한민국에 생일(건국절)을 찾아주자는 이들을 '얼빠진 사람'이라 욕하고 敵軍의 군량미로 들어갈 게 뻔한 對北 식량 지원을 주장한다. 송민순 회고록은 이런 노무현—문재인 노선의 정체를 폭로하고 있다.

외무장관과 미국엔 알려주지 않고 노-김 회담 추진

宋旻淳(송민순) 전 외교통상부 장관은 회고록(《빙하는 움직인다》, 창작과 비평 刊)에서 노무현 정부 말기인 2007년 10월 퇴임을 불과 다섯 달 남겨놓은 시점에서 소위 정상 회담이 이뤄진 배경을 설명하며 추진 팀이 자신과 미국을 소외시키려 하였던 점을 비판한다. 노무현—김정일 대화록을 읽어보면 노무현은 북핵 문제 해결엔 관심이 없고, 김정일은 오로지 서해 NLL 無力化(무력화)에 집중하는데 두 사람이 일치한 부분은 反美였다. 회담의 그런 성격이 준비 때부터 형성되었음을 알 수 있다.

송민순 전 장관은, 〈정상회담 추진 팀은 (그 과정을) 내가 미리 알 경우에 남북정상회담을 비핵화 속도와 맞추도록 미국과 조율하자고 주장할 것이고, 그렇게 되면 일정 추진에 부담이 된다고 판단한 것으로 보였다〉고 썼다. 2007년 8월8일 새벽 청와대에서 온 연락을 받고 갈 때도 회담 발표 문제가 아니라 무슨 비상사태가 생긴 줄 알았다고 한다. 청와대 조찬 회의장에 도착하고 나서야 상황을 파악할 수 있었다.

7월29일 북한의 김양건 통일전선부장이 김만복 국정원장을 비공개로 평양에 초청하여 날짜를 협의했고, 8월3일 노 대통령이 수락하였다는 것이었다. 미국에 사전 협의나 통보를 하지 않은 것에 대하여 송민순 씨는 '당장 미국과 어떻게 수습해야 할까' 고민이 생겼다. '일어나서는 안 될 일'이 일어난 것이다. 전화로 라이스 장관에게 사정을 설명할 때 '전화기를 잡고 있는데 얼굴이 화끈거렸다'고 했다. 아무리 늦어도 8월3일 대통령이 회담 날짜를 결정하였을 때는 미국에 알려주었어야 했다는 것이다. 라이스 장관은 대범하게 받아들이면서 단서를 붙였다고 한다.

"북한이 남북간 거래에서 이익만 챙긴 다음 비핵화 작업은 뒤로 제치는 일이 없도록 해줄 것"을 요청하였다. 송 장관은 "노 대통령이 정상회담을 통하여 비핵화를 촉진시키려는 확고한 의지를 갖고 있다"고 말했다고 한다. 결과적으로 이 말은 虛言(허언)이 된다.

終戰 선언에 집착한 노무현

며칠 후 버시바우 미국 대사가 찾아와서 한국 정부는 서해 북방한계선(NLL) 문제를 북한과 어떻게 논의할지 물었다고 한다. 당시 미국이 걱정하는 것은 두 가지였다고 한다. 한국이 비핵화를 위하여 북한에 쓸 수 있는 수단을 미리 풀어버리는 것이고, 다른 하나는 휴전체제와 관련된 사항을 일방적으로 합의하여 나중에 한미 간 이견의 불씨를 남기는 것이었다. 송 장관은 대통령 주재 회의에서 "NLL 문제를 전체적인 남북관계로부터 분리하여 검토할 수 없으며 그런 시도는 성공할 수 없다"고 주장했다고 한다. NLL을 基線(기선)으로 하여 등면적의 공동 어로수역을 설정하는 방안이 논의되고 있었지만 북한은 NLL을 '基線'으로 할 경우 NLL을 인정하는 것이 되므로 반대하고 있었다고 한다.

그 해 9월 시드니에서 APEC 정상회담이 열렸는데 라이스 미국 국무 장관은 송 장관에게 거듭 "남북 정상회담 때 노 대통령의 분명한 對北 메시지가 필요함"을 강조하였다. 송 장관은 "노 대통령이 김정일 위원장에게 비핵화의 진전 없이는 실질적 경제협력이 불가능함을 분명히 할 것이다"고 안심시켰다. 이 말 또한 虛言(허언)이 된다.

노무현은 김정일과 만나 한반도 평화체제에 대한 합의를 이루고 싶어하였다. 핵문제가 해결되지 않은 상태에선 이게 논리적으로 불가능한데도 그는 집착하였다. 시드니에서 부시 미국 대통령을 만났을 때 노 대통령은 두 나라 대통령이 평화체제에 대한 의지를 공개적으로 밝히자고 종용하였다. 부시는 이렇게 정리하였다.

"한국전쟁은 종결해야 한다. 김정일과 평화협정 체결도 가능하다. 그런데 먼저 검증가능하게 핵 프로그램을 폐기해야 한다."

회담 후 공동 기자회견에서 노무현 대통령은 부시 대통령 입에서 '종전 선언'이란 말이 나오도록 하려고 되묻는 해프닝이 벌어졌다.

한국을 따돌릴 수 있는 문구에도 합의

송민순 회고록은 2007년 10·4 선언문(남북관계 발전과 평화번영을 위한 선언)의 한 수수께끼를 해명하였다. 4항은 〈남과 북은 현 정전체제를 종식시키고 항구적인 평화체제를 구축해나가야 한다는 데 인식을 같이하고 직접 관련된 3자 또는 4자 정상들이 한반도 지역에서 만나 종전을 선언하는 문제를 추진하기 위해 협력해나가기로 하였다〉이다.

핵문제 해결 전에 한국전의 終戰(종전)을 선언하고 평화체제를 구축한다는 것은 북한에 의하여 북한의 핵보유를 인정하고 주한미군은 철수하는 방향으로 이용될 것이 뻔하였다. 더구나 '3자 또는 4자 정상들'이라고 함으로써 미국, 중국, 북한 3者만 참석하고 한국은 배제될 수 있는 대목이 들어갔다. 송 장관은 초안을 보고 받은 뒤 문재인 비서실장에게 문제를 제기하였다. 〈'3자'라는 말은 종래 당사자 문제에 관한 북한의 주장에 비추어 볼 때 북한이 사정에 따라서 중국이나 한국은 빼겠다는 전술을 구사할 여지를 갖겠다는 것으로 보였다〉는 것이다. 송 장관의 문제 제기는 받아들여지지 않았다. '김정일이 북한 협상 팀에 지시한 사항이라서 변경의 여지가 없다고 하여 수용하였다'는 설명이었지만 '거북하게 들렸다'고 한다.

당시 평양에 간 남측 대표단은 먼저 종전 선언을 하고 이를 기초로 비핵화를 진전시킬 수 있다는 생각이 강했다고 한다. 송민순 씨는 이런 企圖(기도)를 직설적으로 비판하였다.

〈종전이 되려면 戰後(전후) 처리, 경계선 확정, 평화유지 구조 등 실질문제에 대해 합의한 후 조약을 체결하는 것이 필요하다. 그 조약이 발효될 때 비로소 전쟁 상태가 종료되는 것이다. 그런데 한반도에는 휴전선의 비무장과 육상과 해상에서의 경계선, 외국 군대의 주둔, 그리고 북한 핵 등 함께 해결해야 할 문제들을 앞에 두고 있다. 종전 선언부터 하게 되면 마치 마차가 말을 끌고 가도록 하는 것과 같다.〉

김계관의 횡설을 칭찬

송 장관은 평양회담 도중 김정일이 김계관을 불러들여 막 끝난 베이징 6자회담 결과를 설명시키면서, '교전상태가 끝나야 핵무기를 내려놓을 수 있다'고 말하게 했다고 썼다. 그러면서 김정일은 그런 조건이 이뤄지도록 남측이 움직여달라고 요구하였다는 것이다. 이 대목은 설명이 필요하다. 노무현-김정일 회담록에서 인용한다.

〈**김계관(북한 외무성 부상):** 신고에서는 우리가 핵계획, 핵물질, 핵시설 다 신고합니다. 그러나 핵물질 신고에서는 무기화된 정형은 신고 안 합니다. 왜? 미국하고 우리하고는 교전상황에 있기 때문에 적대상황에 있는 미국에다가 무기 상황을 신고하는 것이 어디 있겠는가. 우리 안 한다.

노무현 대통령: 수고하셨습니다. 현명하게 하셨고, 잘하셨구요. 뭐 미국이 이 회담 바라고 그러진 않을 것입니다. 나는 공개적으로 핵문제는 6자회담에서 서로 협력한다. 이것이 원칙이다. 그러니까 6자회담 바깥에서 핵문제가 풀릴 일은, 따로 다뤄질 일은 없습니다. 단지 남북 간에 비핵화 합의 원칙만 한번 더 확인하고, 실질적으로 풀어나가는 과정은 6

자회담에서 같이 풀어나가자 이렇게 갈 거니까요. 그런 원칙은 이미 다 얘기했으니까요. 한나라당은 뭐라뭐라 뭐 핵얘기를 좀 많이 쓰라고 그걸 가지고 인제 시비를 자꾸 걸라고 벼르고 있습니다. 우리 입장은 분명합니다. 적어도 합의는 그대로 남북 간 합의도 여전히 존재하지만 풀어나가는 과정은 한꺼번에 일괄적으로 6자회담에서 풀어나가자 이거니까요. 그 점에 대해서는 그렇게 아시구요. 수고 많이 하셨구요.

김정일: 그렇게 그럼 저 이 회담하고 관계없어. 설명이 될란가 모르겠어. 대략 어떤 건가 하는 게.

김계관: 설명해 드린 김에 하나만 더 말씀 올리겠습니다. 지금 우리하고 미국과 차이점이 뭔가 하면. 우리는 미국의 적대시 정책 때문에 생긴 거니까 적대시 정책을 바꿔라 이겁니다. 그런데 그 문제에서 아직도 행동은 안 하고 말로만 바꾼다. 바꾼다. 좋은 말 하다가 어떤 때 뒤집어서 거친 말 또 했다 말았다. 이게 첫째 문제점이고. 둘째는 우리는 전 조선반도 비핵화를 요구하고 있습니다. 그들은 북반부 비핵화, 우리한테서 핵무기 빼앗아 내면 비핵화 다 됐다고 생각하는 게 차이점입니다. 세 번째는 우리는 평화적 핵활동은 해야 되겠다는 거고 미국은 핵이라고 붙은 건 다 안 된다는 겁니다. 이걸 조정해나가는 과정에서 많이 꺾이고 있지만 아직도 우리는 여기에 대해서 어떤 태도변화가 있는가를 예의주시하면서 대응해나가고 있습니다. 그래서 이 문제는 6자 틀걸이 내에서 풀며, 6자 틀걸이가 아주 좋다. 이런 데서는 점점 일맥상통하는 점을 갖고 있습니다.

노 대통령: 예, 잘 알겠습니다. 수고하셨습니다.〉

反美 보고회?

북한이 합의를 깨고 무기화된 핵물질은 신고하지 않는다고 억지를 부려도 노무현은 따지지 않고 오히려 "현명하게 하셨다"고 칭찬한다. 미국은 송민순 장관에게 노무현이 핵문제 해결에 관하여 확고한 메시지를 전해줄 것을 기대하였지만 노무현은 김정일을 보스처럼 대하면서 反美를 다짐한다. 역시 회담록에서 인용한다.

〈노무현 대통령: 그동안 해외를 다니면서 50회 넘는 정상회담을 했습니다만 그동안 외국 정상들의 북측에 대한 얘기가 나왔을 때, 나는 북측의 대변인 노릇 또는 변호인 노릇을 했고 때로는 얼굴을 붉혔던 일도 있습니다. (중략) 主敵(주적) 용어 없애 버렸습니다. 작전통수권 환수하고 있지 않습니까… 대한민국 수도 한복판에 외국군대가 있는 것은 나라 체면이 아니다… 보내지 않았습니까… 보냈고요… 나갑니다. 2011년 되면… 그래서 자꾸 너희들 뭐하냐 이렇게만 보시지 마시고요. 점진적으로 달라지고 있구나 이렇게 보시면 됩니다. 작계 5029라는 것을 미측이 만들어 가지고 우리에게 거는데… 그거 지금 못한다… 이렇게 해서 없애버리지 않았습니까… 그리고 2012년 되면 작전통제권을 우리가 단독으로 행사하게 됩니다. 남측에 가서 핵문제 확실하게 이야기하고 와라 주문이 많죠. 그런데 그것은 되도록 가서 판을 깨고… 판 깨지기를 바라는 사람의 주장 아니겠습니까? (중략) 나는 지난 5년 동안 북핵문제를 둘러싼 북측의 입장을 가지고 미국하고 싸워왔고, 국제무대에서 북측의 입장을 변호해 왔습니다.〉

이런 노무현의 노선을 이어받겠다는 이가 문재인 씨다. 공산화 통일의 제1단계인 낮은단계 연방제에 찬성하고, 사드 배치를 반대하며, 대한민국에 생일(건국절)을 찾아주자는 이들을 '얼빠진 사람'이라 욕하고 敵軍(적군)의 군량미로 들어갈 게 뻔한 對北 식량 지원을 주장한다. 송민순 회고록은 이런 노무현-문재인 노선의 정체를 폭로하고 있다. '北核 변호인'을 자임한 노무현보다 더 왼쪽인 사람이 대한민국의 조종실을 차지한다면? (2016년 10월17일)

3

문재인이 '만세삼창'하고 싶었다는
10·4 선언의 내막

趙成豪 · 조갑제닷컴 기자

[宋旻淳 회고록 檢證] 핵문제는 제대로 거론도 못하고 한국에 불리한 합의만 했는데 무슨 만세를?

宋旻淳 前 외교통상부 장관의 회고록, 《빙하는 움직인다》엔 '북한인권결의안 기권' 內幕(내막)뿐 아니라 제2차 남북정상회담에 얽힌 이야기도 자세히 실려 있다. 그중 하나가 정상회담 합의문(10·4 선언) 제4항과 관련된 것이다. 4항의 全文이다.

〈남과 북은 現 정전체제를 종식시키고 항구적인 평화체제를 구축해 나가야 한다는 데 인식을 같이하고 직접 관련된 3자 또는 4자 정상들이 한반도지역에서 만나 종전을 선언하는 문제를 추진하기 위해 협력해 나가기로 하였다. 남과 북은 한반도 핵문제 해결을 위해 6자회담·9·19 공동성명과 2·13 합의가 순조롭게 이행되도록 공동으로 노력하기로 하였다.〉

정상회담 뒤 국내 언론은 이 文句(문구)를 둘러싸고 '3자와 4자가 각각 어느 나라를 지칭하는지 모호하다'는 식으로 보도했다.

송민순이 문재인에게 요구한 두 가지

송 전 장관은 회고록에서 이 문구가 들어가게 된 배경을 자세히 기록했다. 그는 문재인 당시 비서실장에게 '3자 또는 4자'라는 표현 대신, '직접 관련 당사자'란 문구를 넣자고 요구했다고 한다. '한반도의 비핵화 진전'을 강조하는 표현도 넣자고 했다. 회고록의 관련 부분이다.

〈노무현 대통령의 평양 체류 기간 중 현지 팀으로부터 '3자 또는 4자 간에 종전을 선언하는 문제'의 초안을 연락받았다. 나는 직통전화로 평양 현지팀과 교신을 관리하고 있던 문재인 비서실장에게 두 가지를 반영할 것을 요구했다. 하나는 종전선언 앞에 '9·19 공동성명과 2·13 합의를 통한 한반도 비핵화의 진전'을 강조하는 표현을 먼저 넣고 또 '3자 또는 4자'를 '직접 관련 당사자'로 바꾸자고 했다.〉

송민순 장관의 이 의견은 받아들여지지 않았다. 그의 회고록 중 관련 내용이다.

〈文 실장(注: 문재인)도 이 문제의 비중을 이해했다. 그런데 종전선언 문장 다음에 '9·19 공동성명과 2·13 합의의 성실한 이행을 위해 공동 노력한다'는 조항만 넣는 것으로 낙착되었다. '3자 또는 4자'는 그대로 남았다… '3자 또는 4자'라는 표현은 김정일이 북한 협상 팀에 지시한 사항이라서 변경의 여지가 없다고 하여 수용했다는 것이었다.〉

그는 〈북한 체제의 속성이 있긴 하지만 '김정일의 지시'라고 고집해서 부득이 수용했다는 것도 거북하게 들렸다〉고 썼다. 당시 문재인 씨는 서울에 남아 兩 정상이 논의해야 할 공동성명, 합의문에 담아야 할 사항을 총괄적으로 준비하고 있었다(문재인의 책 《운명》 참조).

〈위키리크스〉, "北, '3자 혹은 4자'란 문구 고수"

송 전 장관이 회고록에 쓴 이 기록은 사실일 가능성이 높다. 2011
년 공개된 〈위키리크스〉에 이를 뒷받침하는 문서가 있다. 2007년 10월
5일 주한미국대사관(대사 알렉산더 버시바우)이 작성해 美 국방부에 배
포한 電文(문서번호: 07SEOUL3024)이 그것이다. 이 電文의 제목은
〈MOFAT READOUT OF NORTH-SOUTH SUMMIT: ROH 'WENT
TO BAT' FOR U.S.〉인데, '외교통상부의 남북정상회담 傳言(전언): 노
무현은 미국을 옹호하러 갔다'는 의미 정도로 해석된다.

이 문건에 따르면, 조병제 당시 외교부 北美 국장은 〈한국이 2005년
9·19 합의에 나온 '직접 관련된 당사국'이란 문구를 원했지만, 북한이 '3
자 혹은 4자'란 문구를 고수했다〉고 미국 측에 말했다는 기록이 있다.
이 문건 말미엔 논평(comment)도 실려 있는데, 송 전 장관이 '3자 또는
4자 정상'이란 문구에 반대했다는 내용도 있다.

〈외교통상부가 정상회담 기획 업무에 관여하지 못했고, 버시바우 대
사의 질의에 대한 응답은— 정형화된 論旨(논지)의 반복 —한층 실제적
인 논의에 접근성이 결여된 모습이었다. 여타 외교부 접선책은 송민순
외교부 장관은 '3자 또는 4자 정상'이란 문구에 반대했지만, 해당 문구
가 결국 공식 남북공동성명에 삽입되게 되었다고 했다.〉

2013년 국가정보원이 공개한 제2차 남북정상회담 대화록을 보면, 당

시 배석자 등을 통틀어 김정일이 유일하게 '3자 또는 4자'란 말을 꺼냈다. 김정일은, 〈조선전쟁에 관련있는 3자나 4자들이 개성이나 금강산 같은 데서 분계선 가까운 곳에서 모여 전쟁이 끝나는 것을 공동으로 선포한다면 평화문제를 논의할 수 있는 기초가 마련될 수 있다고 이렇게 생각한다〉고 말한다. '평화문제(注: 문맥 상 평화협정)'를 거론하며 '3자', '4자' 운운하는 김정일의 발언에서도 볼 수 있듯이, 김정일의 지시로 '3자 또는 4자'란 말이 들어갔다는 송 전 장관의 주장은 사실일 가능성이 매우 높다.

김정일의 속임수에 넘어간 노무현?

김정일이 정상회담 합의문 4항에 '3자 또는 4자'를 넣길 원한 이유는 무엇일까? 송 전 장관은 〈이 3자라는 말은… 북한이 사정에 따라서 중국이나 한국은 빼겠다는 전술을 구사할 여지를 갖겠다는 것으로 보였다〉고 주장했다. 평화협정·終戰(종전)선언이 논의될 때, 김정일이 필요에 따라 한국(또는 중국)을 협상 테이블에서 배제하기 위한 의도가 담겨 있다는 것이다. 전문가들도 이 문구가 북측이 내세운 일종의 속임수인데, 노무현 대통령이 그에 넘어간 것일 수 있다고 우려했다.

이런 의혹이 제기된 것은 盧 대통령의 모호한(어떤 면에서는 황당한) 태도 때문이었다. 정상회담 직후인 2007년 10월11일 청와대에서 열린 기자 간담회에서 盧 대통령은 "나중에 선언문 작성 과정에서 '3~4자'로 되어 있어 이게 무슨 뜻이냐 물어볼까 하다가… 별로 관심 안 가지고 文案(문안)을 보고 넘겼다"고 말했다. 盧 대통령은 "중국이 입장 표명을 하지 않고 있어 '중국은 의사에 따라 참여할 수 있다' 여유를 둔 것 아닌가 싶다"고 했다. 그는 "나도 별 뚜렷한 의미를 모르고 있다"고 했다(조선닷컴 보도 인용).

유호열 고려대 교수는 〈조선일보〉와의 인터뷰에서 "북한이 말하는 3자는 기본적으로 北·中·美다"면서 "정부가 확실하게 문제제기를 하고 한국이 빠질 가능성을 차단했어야 하는데 이걸 (대통령이) 모르고 그냥 넘겼다는 것은 심각한 문제다. 믿어지지 않을 정도"라고 비판했다. 2007년 10월6일 열린 〈趙甲濟 기자의 현대사 강좌〉에서 李東馥(이동복) 前 국회의원도 3자에서 한국이 배제될 가능성이 높다고 지적했다. 그가 강연한 내용의 요지다.

〈여러 가지 나오는 말들을 보아서는, 노무현 씨가 김정일에게 '그 3자는 어느 어느 나라인지' 물어보지 못했다. 중국이 빠지는 것인지, 미국이 빠지는 것인지, 북한이 빠지는 것인지, 한국이 빠지는 것인지 알 수가 없게 됐다. 그러나 김정일이 지금까지 빠진다고 하는 나라는 분명히 남한이다. 남한이 빠지는 것이다. 북한은 중국에 목을 매는 나라이다. 감히 어떻게 중국을 빼는가? 구체적인 말은 하지 않았을 것이고, 노무현 씨가 추궁하지 않았을 가능성이 많다. 결국 김정일이 말한 것은 '북한·중국·미국이 앉아서 하겠다는 것'이다. 그게 3자 또는 4자 회담의 내용이다.〉

終戰선언에 집착하는 듯한 노무현

평화협정−終戰(종전)선언은, 북한의 선전·선동 전술 중 하나다. 핵무기를 포기하지 않은 북한정권을 상대로 終戰선언을 하고 평화협정을 맺으면, 북한정권을 핵보유국으로 인정하는 셈이 된다. 평화협정-終戰선언은 6·25 남침에 대한 北의 사과 및 배상, 국군포로 및 납북자 송환, 北核(핵시설 및 핵무기)의 완전한 폐기가 이뤄진 다음에 논의되는 게 순서라고 전문가들은 지적한다. 북한이 上記 요구를 들어준다고 해도, 반대급부로 주한미군 철수를 들고 나올 수 있다는 점도 고려해야 한다고 이들은 말한다.

흥미로운 사실은, 노무현 대통령이 終戰선언에 집착하는 듯한 모습을 정상회담 前부터 보여왔다는 점이다. 2007년 9월7일, 호주 시드니에서 열린 韓美정상회담에서 노무현은 부시 대통령에게 무리하게 終戰선언을 요구했다. 이날 정상회담은 노무현 대통령이 한 달여 뒤에 열릴 남북정상회담에서 논의될 의제를 부시 대통령에게 귀띔하는 자리이기도 했다. 이 회담에 배석한 콘돌리자 라이스 美 국무장관은 훗날 발간한 자신의 회고록에서 이날 노무현의 행동에 대해 '예측불능 행태(unpredictable behavior)', '괴상하다(bizarre)'고 혹평했다.

노무현은 공동 기자회견 자리에서 부시 대통령에게 '지금 한국전쟁 종전선언을 언급하시지 않은 것 같습니다. 그렇게 말했습니까'라고 묻는다. '김정일이 핵무기와 핵개발 계획을 포기해야 미국이 (종전선언 등에) 서명할 수 있다'고 부시가 답하자, 노무현은 "김정일 위원장이나 한국 국민들은 그 다음 이야기를 듣고 싶어한다"고 재차 요구했다고 한다(콘돌리자 라이스 회고록 인용). 라이스 장관은 노무현의 이런 행동에 '매우 당황했다'고 회고록에 적었다. 송민순 전 장관 회고록에도 이날의 정상회담 내용이 기록되어 있다. 그의 회고록 일부를 보자.

〈회담 후 기자들이 들어왔다. 부시 대통령은 盧 대통령과 한반도에서 '전쟁을 끝내는 문제(ending war)'를 논의했다고 하면서 북한이 핵을 폐기하면 평화조약이 서명할 수 있다고 했다. 이날 미국 측 통역의 혼선이 계속된 데다 盧 대통령도 '종전선언'이라는 한국말이 통역의 입에서 나오지 않자 잘못 들었다면서 되물었다. 부시 대통령은 의아한 표정으로 '우리는 한국전쟁을 끝내는 날이 오기를 바란다. 김정일이 핵무기 계획을 제거하면 그렇게 될 것이다'고 다시 말하고는 어색한 표정을 지었다.〉

송 전 장관은 〈그날 정상회담의 바탕에는 양 대통령 간의 기본적인 생각의 차이가 있었다〉며 〈盧 대통령은 남북정상회담을 앞두고 종전선언이나 평화협정 같은 구체적 표현에 집중하고 있었다. 부시 대통령은 검증 가능한 비핵화가 되면 그 후속으로 전쟁이 끝났다고 선언할 수 있다는 원칙에 무게를 두었다〉고 했다. 부시 대통령의 北核 문제에 관한 기본 입장은, 김정일이 검증 가능한 방법[CVID · 완전하고(Complete), 검증가능하며(Verifiable), 돌이킬 수 없는(Irreversible) 파괴(Dismantlement)]으로 핵무기를 없애야 평화협정−終戰선언을 논의할 수 있다는 것이었다. 그러나 라이스−송민순 회고록을 보면, 노무현 대통령의 생각은 부시 대통령의 그것과 달랐다.

노무현, 北核 해결에 미온적

2013년 국정원이 공개한 남북정상회담 대화록을 보면, 盧 대통령이

北核 문제를 다루기 꺼려하는 듯한 정황이 나온다. 盧 대통령은 김정일에게 〈남측에서 이번에 가서 핵문제 확실하게 이야기하고 와라… 주문이 많죠… 근데 그것은 나는 되도록이면 가서 판 깨고… 판 깨지기를 바라는 사람들의 주장 아니겠습니까…〉라고 말한 것으로 대화록에 기록되어 있다. 김정일의 지시로 회담에 합류한 김계관 北 외무성 부상이, '핵물질 신고에서는 무기화된 정형은 신고 안 한다. 미국하고 우리하고는 交戰상황에 있기 때문에 敵對상황에 있는 미국에다가 무기 상황을 신고하는 것이 어디 있갔는가'라고 보고하자, '수고하셨습니다. 현명하게 하셨고, 잘하셨구요'라고 화답하는 盧 대통령의 발언도 실려 있다.

2007년 9월11일, 청와대 춘추관에서 열린 기자회견에서도 盧 대통령은, '6자회담에서 풀려가고 있는데 자꾸 김정일 위원장을 만나 北核 문제 이야기하라고 하는 것은 가급적이면 가서 싸움하고 오라는 뜻 아닌가'라고 일축했었다(동아일보 보도 참조).

'문재인, 천영우를 訪北 수행단에 포함시키는 데 미온적 반응'

송민순 전 장관은 우리 측이 核문제를 중시한다는 상징적인 의미로 천영우 6자회담 수석대표를 訪北(방북) 수행단에 포함시킬 것을 문재인 실장에게 요청했다고 회고록에 밝혔다. 그러나 文 실장의 반응이 미온적이었다고 한다. 송 전 장관 회고록의 일부다.

〈9월7일 시드니 韓美정상회담 후 나는 대통령에게 남북정상회담에서 核문제를 중요하게 거론해야 함을 강조했다. 그래서 외교장관인 내가 수행하면 좋겠지만, 그럴 경우에는 남과 북이 서로 외국으로 상대하는 모양새가 되기 때문에 천영우 6자회담 수석대표가 수행하는 것이 필요하겠다고 건의했다… 남북정상회담에서 핵문제를 얼마나 중시하는가를 상징적으로 보여줄 필요가 있음을 강조했다. 盧 대통령은 방북 준비 팀과 논의하여 결정하자면서 확답 없이 넘어갔다… 그 전에 이미 정상회담 준비위원장을 맡고 있던 대통령 비서실장에게 요청했으나 반응이 미온적이었다.〉

결국 천영우 수석대표는 訪北 수행단에 들어가지 못했다. 훗날 千 수석대표는 〈신동아〉(2013년 12월호)와의 인터뷰에서 '일부 핵심 참모들이 내가 (수행원에) 포함되면 안 된다는 건의를 여러 차례 한 것으로 안다'고 증언했다. 이 대목은 노무현, 문재인 씨 등이 北核 문제를 정상회담에서 다루기 꺼려했다는 의심을 갖게 만든다.

'北核 문제에 대한 논의 부족'

송 전 장관은 회고록 전반에서 자신이 北核 폐기와 한반도 비핵화를 위해 노력했다고 일관되게 밝히고 있다. 종전선언 앞에 '9·19 공동성명과 2·13 합의를 통한 한반도의 비핵화 진전'이란 표현이 합의문에 들어갈 수 있도록 문재인 실장에게 요구한 것도 그런 이유에서였다. 그러나 최종 합의문에는 반영되지 않았다.

이렇게 결정된 정상회담 합의문에 대해, 김성한 고려대 국제대학원 교수는 "北核 문제와 관련해 비핵화 의지를 읽어낼 수 있는 구체적인 내용이 담기기를 기대했는데 그 부분의 논의가 부족하다. 이번 선언의 우선순위도 평화체제 언급이 먼저 나오고 核문제가 나온 것은 先後(선후)가 바뀐 것"이라고 지적했다(동아일보 보도 참조). 4항 마지막에 실린 〈6자회담·9·19 공동성명과 2·13 합의가 순조롭게 이행되도록 공동으로 노력하기로 하였다〉에 대해서도 비판적인 의견이 제기됐다. 李東馥 前 의원은, '이것(注: 4항)은 核문제 해결을 위해서 아무 것도 안 하겠다는 것이다. 6자회담, 9·19 공동성명, 2·13 합의 등은 김정일과 노무현이 얘기할 수 있는 사안이 아니기 때문'이란 요지의 설명을 했다.

송 전 장관도 회고록에서, 〈당시 평양에 간 우리 대표단은 먼저 종전을 선언하고 이를 기초로 비핵화를 진전시킬 수 있다는 생각이 강했다. 얼른 듣기에는 그럴 듯하지만 현실적으로 혼란만 야기하고 성과는 보기 어려운 방안〉이라고 비판적인 입장을 보였다.

문재인, '어디 가서 만세삼창이라도 하고 싶었다'

2011년 발간된 문재인 씨가 쓴 《운명》이란 책에는 정상회담 부분이 어떻게 쓰여졌는지 확인해보았다. 합의문에 대한 구체적인 배경에 대해선 기록하지 않았다. 다만 정상회담 전반에 대한 自讚(자찬), 미국의 BDA(방코델타아시아은행) 동결조치(김정일의 비자금이 예치되어 있던 BDA의 북한 계좌를 동결한 것) 비판 등이 눈에 띈다. 몇 개의 중요 대목을 소개한다.

〈▲정상회담 타결되기 몇 시간 전인가, 백종천 안보실장에게서 연락이

왔다. 그 시간까지 진행된 북측과의 실무합의안을 보내왔다. 읽어보니 굉장한 성과였다… 여러 분야에서 우리가 추진하고자 했던 의제들이 대부분 합의문에 담겨있었다. 어디 가서 만세삼창이라도 하고 싶었다.

▲남북정상회담이 좀더 빨리 이뤄졌어야 했다. 그리 될 수도 있었다. 6자회담이 풀려서 정상회담 분위기가 무르익을 시점에 터진 미국 재무부의 BDA 동결조치가 남북정상회담까지 동결시키고 말았다.

▲사실 5년 내내 대통령과 우리를 힘들게 만든 것이 북핵 문제였다. 북핵 문제를 평화적으로, 외교적으로 관리해낸 盧 대통령의 철학과 인내력과 정치력은 대단히 높이 평가받아야 한다고 생각한다.〉

문재인 씨 역시, 盧 대통령과 비슷한 인식을 공유하고 있었음을 송 전 장관의 회고록과 그가 쓴 책을 통해 확인할 수 있다.

김정일 앞에서 '北核의 변호인' 역할을 해왔다고 고백한 노무현보다 여러 면에서 더 왼쪽인 사람이 대통령이 된다면 한국은 北의 核미사일과 南의 종북세력에 협공 당하는 신세가 될 것이다. (2016년 10월17일)

6

NLL 대화록과 말 바꾸기

1

다시 보는 문재인의 변칙적 北 이모 상봉

金泌材 · 조갑제닷컴 기자

2004년 노무현 집권 당시 본인 나이를 74세로 올려 이산가족 상봉

文在寅 전 의원은 1952년 거제도 피란민 수용소에서 태어났다. 父親 문
용형(1978년 사망) 씨는 함경남도 흥남 출신으로 흥남시청 농업계장으로
근무하다 1950년 12월 '흥남철수' 당시 美軍 함정을 타고 남쪽으로 피란
을 내려왔다고 한다.

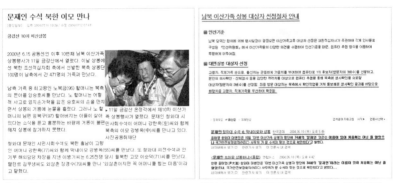

출처: 인터넷 〈조인스닷컴〉 보도 캡처   출처: 통일부 홈페이지 자료/네이버 화면 캡처

文 씨는 대통령 시민사회수석비서관 시절인 2004년 7월11일 제10차 남북이산가족 상봉행사에서 母親 강한옥 씨와 함께, 북한에 살고 있는 막내 이모 강병옥 씨를 만났다.

柳浩烈(유호열, 現 민주평통 수석부의장) 당시 고려대 북한학과 교수는 2004년 7월4일 청와대 인터넷 신문고를 통해 "만약 북쪽에서 文 수석을 대통령의 최측근 실세라 생각하고 이모를 찾아내 상봉을 주선한 것이라면 이는 對南공작의 일환"이라며 "文 수석은 북한의 전략에 응하지 않는 게 옳다"고 지적했었다.

柳 교수는 "만약 남쪽에서 먼저 文 수석의 가족을 수소문해달라고 북쪽에 非공식 요청을 했다면 매우 중요한 사태이자 특혜가 아닐 수 없다"면서 "북쪽 이모는 越南(월남)한 이후에 태어난 文 수석의 얼굴도 모르는데, 어떻게 상봉신청자 명단에 文 수석의 이름이 들어있는지 궁금하다"고 밝혔다.

柳 교수의 이 같은 지적에 文 씨는 "북한에서는 우리처럼 무작위가 아닌 여러 가지 이유로 상봉 대상자를 선정한다고 들었다"면서 "그런 고려가 있었다 하더라도 현재의 남북관계에 비춰볼 때 '공작'으로 무슨 일이 되는 시대가 아니지 않느냐"고 주장했었다.

文 씨는 2004년 이산가족 상봉 당시 자신의 나이를 74세(당시 실제 나이 51세)로 신고했다. 이와 관련해 윤태영 당시 청와대 대변인은 2004년 6월10일 "이번 이산가족 상봉자 명단에 '74세의 문재인'이라는 이름이 있어 처음에는 아닌 줄 알았으나 국가안전보장회의(NSC) 사무처가 문 수석이 맞는 것으로 확인했다"고 밝힌 바 있다. 문제는 여기서 끝나

지 않는다.

文 씨는 이산가족 상봉 행사 당시인 2004년 7월13일 남한으로 귀환 도중 북한 출입사무소에서 40분간 발이 묶이기도 했다. 이유는 북한이 보낸 생사 확인 回報書(회보서)에 없던 자신의 아들을 동반했기 때문이었다(2004년 7월14일자 〈조인스닷컴〉 보도 인용). 이와 함께 당시 남측 상봉단에 포함됐던 조 모 씨는 '외사촌'이라고 속여 북한의 친구 안 모 씨를 만났다.

이 같은 이유로 북한은 回報書와 실제 방북 명단에 차이가 있는 '29가족 38명 전체를 대조해 봐야겠다'면서 귀환하는 남한 상봉단을 꼼꼼히 대조작업을 벌였다. 결국 文 씨는 북한의 승인이 나기까지 대기해야 했고, 이들이 조사를 받는 동안 다른 이산가족들은 버스 안에서 초조하게 기다려야 했다.

이산가족 상봉을 기다리는 남한의 가족은 수십만 명이고, 정부는 高齡(고령) 순으로 상봉자를 선정해왔다는 점을 고려하면 文在寅 씨는 자신의 나이를 바꿔, 다른 상봉 대기자를 희생시킨 셈이다. (2016년 12월 20일)

2

NLL 대화록 은폐사건과 政界은퇴 약속

趙成豪 · 조갑제닷컴 기자

거짓말과 말 바꾸기의 향연

鄭文憲의 폭로

'2007년 남북정상회담 대화록' 파문은 2012년 大選 정국 당시, 새누리당 鄭文憲 의원(이명박 정부 때 청와대 통일비서관 역임)의 폭로로 촉발되었다. 2013년 국가정보원(국정원)이 대화록 발췌본을 공개, 鄭 의원의 폭로는 사실로 확인되었다. 與野 의원들은 대화록 원본을 확인하기 위해 국가기록원을 방문, 예비열람을 진행했으나 대화록 원본은 발견되지 않았다. 국가기록원은 대화록 원본이 청와대로부터 이관되지 않았다는 요지의 발표를 했다. 이 사실이 드러나자 여당은 물론, 야당 내부에서도 '문재인 책임론'과 그의 거짓말 논란이 일었다. 문재인 씨는 국정원이 대화록(발췌본)을 공개하자, '국가기록원에 있는 원본을 열람하자'는 취지의 주장을 하며 맞불을 놓았던 장본인이었다. 검찰 조사 결과, 국가기록원에 대화록이 이관되지 않은 것으로 드러남으로써 文 씨는 결과적으로 거짓말을 한 셈이 되었다. 文 씨는 대화록 원본이 작성되고 이관되던 시기, 청와대 비서실장으로서 대통령 기록물 이관의 총책임자 格이었다. 이 사건의 시작과 끝을 문재인 씨의 발언, 검찰 수사 보고서, 언론보도 등을 중심으로 정리해보았다.

2012년 10월8일 정문헌 의원은 국회에서 "2007년 10월3일 오후 3시 백화원 초대소에서 남북정상은 단독회담을 가졌다"면서 "당시 회담내용은 녹음됐고 북한 통전부는 녹취된 대화록이 비밀 합의사항이라며 우리 측 秘線(비선)라인과 공유했다"고 말했다. 鄭 의원은 "그 대화록은 폐기 지시에도 통일부와 국가정보원에 보관돼 있다"며 대화록의 일부 내용을 공개했다. 그 중 핵심은 ▲노무현 전 대통령이 김정일에게 사실상 NLL 포기를 의미하는 발언을 한 것과 ▲北核문제와 관련해 盧 前 대통령이 김정일에게 한 '북한 대변인 노릇을 하고 있다'는 취지의 발언이었다.

문재인, '사실이면 사과하겠다'

당시 민주통합당(이하 민주당·現 더불어민주당의 前身)과 민주당 大選 후보 문재인 씨는 이를 부인했다. 文 씨는 2012년 10월11일 평택 2함대사령부를 방문한 자리에서 鄭 의원의 주장에 대해, "사실이라면 돌아가신 노무현 前 대통령 대신 제가 사과하겠다. 대통령 후보로서 제 잘못임을 인정하고 그 토대 위에서 국민들로부터 평가를 받겠다"고 밝혔다.

민주당은 10월17일, 정문헌 의원 등을 공직선거법상 허위사실 공표 혐의로 검찰에 고발했다. 대통령 선거가 끝나고 두 달이 지난 2013년 2월21일, 서울중앙지검 공안1부(부장검사 이상호)는 "대화록 관련 부분 내용 및 관련자들의 진술 등을 종합하면, 발언 내용은 허위사실로 보기 어렵다"며 鄭 의원 등에게 무혐의 처분을 내렸다.

국정원, 대화록 발췌본 공개

같은 해 6월20일, 국가정보원(원장 남재준)은 국정원이 작성해 보관하고 있던 남북정상회담 대화록 발췌본을 국회 정보위원회 소속 새누리당 위원들에게 공개했다. 서상기 새누리당 의원(국회 정보위원장)과 조원진, 정문헌, 조명철 의원 등 새누리당 정보위원들은 이날 국회에서 기자회견을 열고, 2007년 남북정상회담 대화록 중 盧 前 대통령의 NLL 관련 발언이 담겨 있는 여덟 페이지 분량의 발췌본을 열람했다고 밝혔다. 이들은 "盧 前 대통령이 NLL을 포기하는 취지의 발언을 한 것을 확인했다"고 말했다.

국정원 작성 대화록(발췌본)을 확인한 결과, 정문헌 의원이 2012년 폭로한 내용들과 거의 일치했다. 쟁점이 된 노무현 대통령의 NLL, 北核 관련 발언 모두 대화록에 실려 있었다. 그 외에 盧 前 대통령이 김정일에게 자료를 건넨 것도 확인되었다. 국정원이 공개한 대화록 발췌본 말미에는, 盧 대통령이 김정일에게 "내가 말씀드리려고 한 것 중에 구체적으로 세세하게 말씀을 못 드렸습니다. 내가 받은 보고서인데 위원장께서 심심할 때 보시도록 드리고 가면 안 되겠습니까"라고 말하며 자료를 건네는 대목이 있다. 일각에선 '敵將(적장)에게 국가 기밀에 해당하는 자료를 건넨 것'이라고 의혹을 제기했다.

文, '사실이면 정계은퇴'

국정원이 발췌본을 공개했음에도 문재인 씨는 이를 인정하지 않는 태도를 보였다. 文 씨는 긴급성명(6월21일)과 자신의 트위터(6월23일)를 통해 국가기록원에 보관된 대화록 원본 등 관련 자료 일체를 공개하자는 입장을 보였다. 그는 "국정원에 있는 것은 똑같은 내용인지 여부를 알 수 없다… 결국은 국가기록원 것을 열람해서 검증해야 한다(6월23일 트위터)"고 제안했다. 6월30일에는 성명을 발표하고, "기록 열람 결과, 만약 NLL 再획정 문제와 공동어로구역에 관한 盧 대통령과 참여정부의 입장이 북한과 같은 것이었다고 드러나면, 제가 사과는 물론 정치를 그만두는 것으로 책임지겠다"고 했다.

盧 대통령이 김정일에게 건넨 자료와 관련해 문재인 씨는, 국가 기밀이 아니란 취지의 주장도 했다. 文 씨는 자신의 트위터(2013년 6월28일자)에서 "(盧 대통령이 건넨 자료는) 남북경협의 성공 실패요인, 남북경협 핵심사업 추진방안, 남북경제공동체 구상안 등 3권이었다"고 주장했다. 그는 "워낙 惡意(악의)가 많아 노파심으로 덧붙이면 盧 대통령이 보고서라고 표현한 것은 청와대 안보정책실이 대통령에게 보고한 보고서였기 때문"이라고 했다. 〈문화일보〉(2013년 7월1일자)는 정부 소식통의

말을 인용, "기본적으로 청와대 안보정책실이 대통령에게 보고한 자료는 3급 기밀 이상에 해당한다"고 했다. 신문은 "청와대 안보정책실이 관련 부처의 보고를 취합해 대통령에게 보고한 것이 어떻게 기밀문서가 아닌지 의아하다"고 전했다.

국가기록원에 있어야 할 原本 증발… 文 씨 주장과 배치

與野는 7월15일, 국가기록원에 보관되어 있는 남북정상회담 대화록 원본에 대한 예비열람에 들어갔다. 각 당에서 다섯 명씩 추린 NLL 대화록 열람위원들은, 노무현 대통령의 NLL 포기 발언을 확인할 수 있는 부분을 중심으로 열람 대상 자료를 추려냈다. 국가기록원은 여야 의원들이 추려낸 자료들을 복사해 국회로 전달하고, 필요할 시 이를 공개한다는 방침을 세웠다. 국정원이 공개했던 대화록과 국가기록원이 보관하고 있는 대화록 원본 사이에 차이점이 있는지 확인하기 위해서였다.

7월15일~17일 보안 속에 예비열람이 이뤄졌지만, 대화록 원본은 찾을 수 없었다. 그와 관련된 녹음파일도 존재하지 않는 것으로 확인되었다. 7월18일 국가기록원은 2007년 남북정상회담 대화록 원본과 녹음 기록물이 없다는 입장을 與野 의원들에게 전했다. 사실상 원본이 존재하지 않는다는 것이었다. 이는 文 씨의 주장과 배치되는 것이었다. 당초 문재인 씨는 "정상회담 대화록은 국가기록원에 이관된 것이 正本(정본)으로 국정원에 있는 것은 내용이 같아도 副本(부본)이나 寫本(사본)일 뿐(6월23일자 트위터)"이라고 말했었다. 대화록 원본을 국가기록원에 이관했다는 것을 전제로 한 말이었다. 〈조선일보〉(2013년 7월20일자)는 "끝내 대화록이 발견되지 않는다면 노무현 청와대의 마지막 비서실장이었던 文 의원은 책임론의 중심에 서게 된다. 文 의원이 지난 2008년 대통령 기록물 移管(이관) 작업을 총괄했기 때문"이라고 전했다. 국가기록원의 발표 후 'NLL 포기 논란'은, '대화록 폐기(혹은 은닉) 논란'으로 그 양상이 바뀌었다.

文, 돌연 "그 정도 했으면 NLL 논란 끝내야"

국가기록원에 대화록 원본이 없는 것으로 확인되자, 문재인 씨는 한동안 입장 표명을 하지 않았다. 7월23일, 문재인 씨는 "국민의 바람대로 NLL 논란, 더 이상 질질 끌지 말고 끝내자"고 제안했다. 文 씨는 이날 배포한 보도자료에서 "새누리당은 이미 NLL을 충분히 활용했습니다. 선거에 이용했고, 국정원 대선 개입을 가렸습니다. 그 정도 했으면 NLL 논란을 끝내야 하지 않겠습니까"라고 했다. 그는 "물론 국가기록원의 대화록으로 NLL 포기가 아님이 더 분명해질 것으로 기대했던 우리로선 아쉬움이 있지만, 대화록이 없더라도 정상회담 전후의 기록들만으로도 진실을 규명하기에 충분하다"고도 했다.

같은 날 김태흠 새누리당 원내 대변인은 브리핑을 통해 "오늘 文 의원의 발언은 뻔뻔함과 무책임의 극치"라고 비판했다. 金 대변인은 "정치적, 도의적, 법적인 책임을 져야 할 사람이 마치 새누리당이 NLL을 政爭(정쟁)의 소재로 이용했다고 호도하고, 공격용 소재로 쓰는 것을 보면서 절

망스러움을 금할 수 없다"고 말했다. 그는 "국가기록을 생산하고 국가기록원에 이관하는 데 관여한 親盧(친노) 인사들의 철저한 조사와 책임 추궁은 반드시 필요하고, 중심에 있었던 文 의원도 책임을 면할 수 없다"고 지적했다.

민주당 내부에서도 文 씨에 대한 비판이 제기됐다. 〈조선일보〉(2013년 7월20일자)는 "'文 의원이 괜한 제안(注: 원본 공개제안을 의미하는 듯)을 해서 일이 꼬였다'는 원망이 나온다"며 당내의 여론을 전했다. 조경태 민주당 최고위원은 "어제는 民生을 내팽개치고 정파의 이익을 위해 '정계은퇴' 운운하며 나라를 어지럽게 한 분이 오늘은 아무렇지 않게 논쟁을 종식하자고 한다"며 "참으로 한가하고 어처구니가 없다(2013년 7월25일, 기자회견)"고 비판했다. 정대철 민주당 상임고문도 "文 의원 때문에 김한길 대표 등 당 지도부와 민주당이 바보스럽게 된 것은 사실(2013년 7월26일 PBC 라디오 발언)"이라고 말했다.

檢, 중간수사 결과 발표: '대화록 초본 삭제 흔적 발견'

새누리당은 7월25일 남북정상회담 대화록 증발과 관련해 '대통령 기록물 관리에 관한 법률 위반' 혐의 등으로 '관련자 전원'을 검찰에 고발했다. 被고발인을 특정하지 않고 관련자 전원이라고 명시한 것은, 새누리당이 사안의 중대성을 감안했기 때문이라고 복수의 언론은 전했다. 새누리당은 "대통령 기록물인 정상회담 대화록은 1급 비밀 문서로 분류되는 극히 중요한 문서"라며 "정상회담 대화록은 폐기·은닉됐을 가능성이 굉장히 높다"고 강조했다.

2013년 10월2일 서울중앙지검 공안2부(부장검사 김광수)는 중간수사 결과를 발표했다. 핵심은 노무현 대통령 시절 청와대가 국가기록원에 넘긴 대통령 기록물에 남북정상회담 대화록은 처음부터 없었다는 것이다. 검찰은 "당시 청와대가 아예 대화록을 이관 대상 기록물로 분류하지를 않았다"고 밝혔다. 검찰은 "노 전 대통령이 퇴임하면서 봉하마을 사저로 가져갔다가 반환한 이른바 봉하 이지원(e知園·注: 盧 정권 당시 청와대 전자문서 관리 시스템)에서 최종본 형태의 대화록을 발견했다"고 했다. "봉하 이지원에서 대화록(초본)이 삭제된 흔적도 찾았다"고도 했다.

"文, 대화록이 국가기록원에 없다는 사실 알면서 '대화록을 보자'고 한 것이면 국민 우롱한 것"

〈조선일보〉 社說(2013년 10월3일자)은 검찰의 중간 수사발표 내용을 전하며, "지금까지 검찰 수사에 따르면 노무현 청와대가 犯法(범법) 행위를 저지른 것"이라고 지적했다. 사설은 문재인 씨도 강하게 비판했다. 관련 대목이다.

〈"국가기록원에 보관된 대화록을 보자"고 일을 시작했던 사람은 민주당 문재인 의원이다. 문 의원은 대화록을 빼돌릴 당시 청와대 비서실장으로 누구보다 盧 前 대통령과 가까웠다. 그가 대화록이 국가기록원으로 가지 않고 사저로 가는 과정을 몰랐다고 한다면 대한민국 보통 국민의 상식과 크게 어긋나는 일이다. 文 의원이 정상회담 대화록이 국가기록원에 없다는 사실을 알면서도 "대화록을 보자"고 나선 것이라면 국민을 우롱한 것이 된다. 그러나 文 의원은 이런 사실이 밝혀지자 "적절한 사람이 적절한 방법으로 입장을 밝히면 된다"고 했다. 본인이 바로 그 '적절한 사람'인데 다른 누구를 찾는다는 것인지 모르겠다.〉

새누리당, "대화록 폐기를 둘러싼 문제는 5大 불법"

검찰은 대화록 전반에 관한 키(key)를 쥐고 있는 盧 정권의 핵심인물들을 차례로 소환·조사했다. 조명균 前 청와대 안보정책비서관, 김경수 前 청와대 연설기획비서관 등이 소환되었다. 검찰의 수사속도가 빨라지자 文 씨는, 10월10일 보도자료를 통해 검찰을 비난했다. 그는 "검찰의 최근 정상회담 대화록 수사는 전임 대통령을 죽음으로 몰아간 2009년 '정치검찰'의 행태를 그대로 되풀이하고 있다"고 주장했다. 새누리당은 文 씨의 주장을 반박했다. 김기현 정책위의장은 10월11일 열린 원내대책회의에서 "그동안 침묵을 지키던 文 의원이 어제 갑자기 다짜고짜 짜맞추기 수사 운운하면서 동문서답 했다"고 비판했다.

金 정책위의장은 "대화록을 열람하자고 처음 제안한 사람은 다름 아닌 文 의원이다. 대화록 관리 최종 책임자로서 온 나라를 시끄럽게 한 장본인이 移管(이관)이 안 된 구체적 경위나 史草(사초) 폐기에 대한 진심어린 사죄 없이 느닷없이 짜맞추기 수사 운운하는 건 뻔뻔스럽다"고 비판했다. 金 의장은 "대화록 폐기를 둘러싼 문제는 5大 불법"이라고 규정했다. ▲원본 폐기는 '史草 폐기' ▲이관하지 않은 것은 '史草 은닉' ▲

史草를 봉하마을로 가져간 것은 '史草 절취' ▲'국가기밀 유출'에 해당한다는 게 金 의장의 주장이었다. 그는, '귀책사유가 있다면 비난을 받고 상응하는 책임을 지겠다(2013년 7월27일자 성명)'는 요지의 발언을 한 文 씨를 거론하며 이는 국민을 속이고 기만한 사기 행위에 해당한다고 했다.

문재인 씨도 2013년 11월6일 서울 서초동 서울중앙지검에 참고인 자격으로 출석했다. 검찰은 文 씨를 상대로, ▲2007년 10월 정상회담 직후 생성된 회의록 원본이 국가기록원에 이관되지 않고 봉하 이지원에 은폐된 경위 ▲원본과는 다른 수정본 역시 국가기록원에 이관되지 않고 봉하 이지원에만 보관된 사유 ▲이 회의록이 누구의 지시로 국가기록원에 이관되지 않았는지 등을 조사했다.

檢, '文, 회의록 생산에 관여…
회의록 유출에 관여한 증거 발견 안돼'

검찰은 11월15일 이 사건에 대한 최종 수사결과를 발표했다. 검찰은, 남북정상회담 회의록(대화록)이 2007년 10월 盧 前 대통령 지시에 따라 의도적으로 수정·변경됐고, 2008년 1월 대통령기록관(注: 국가기록원 산하기관)이 아닌 국가정보원에 1급 비밀로 보관됐다고 밝혔다. 2007년 12월에는 회의록 원본이 청와대 이지원 시스템에서 非정상적인 방법으로 삭제됐다고도 했다. 검찰이 작성한 〈남북정상회담 회의록 폐기 의혹 관련 고발사건 수사결과〉(이하 보고서)의 〈수사결과 요지〉는 다음과 같이 밝혔다.

〈역사상 두 번째로 개최된 2007년 남북정상회담의 회의록이 대통령의 지시에 의하여 의도적으로 삭제·파쇄되어 대통령 기록관으로 이관되지 아니함으로써 역사적 기록물로 보존되지 아니하였고, 오히려 노무현 전 대통령의 봉하마을 사저로 유출된 사실이 확인되었음.〉

보고서의 〈문재인 의원의 회의록 생산 등 관여 여부〉 항목을 보면, 〈문재인 의원은 本件과 관련하여, 언론 인터뷰 등을 통하여 자신이 회의록의 생산 및 이관에 관여하였다는 취지로 수차례 발언하였음〉이라고 기재되어 있다. 보고서는 〈남북정상회담에 관여한 대통령 비서실 관계자는 문재인 전 비서실장이 남북정상회담 준비위원회 위원장으로서 회의록의 생산 등에 관여하였다는 취지로 진술하였다〉고 했다.

보고서는 〈남북정상회담 종료 이후, 김만복 당시 국정원장은 (국정원 직원에게) 문재인 의원에게 남북정상회담 회의록 파일을 전송하라는 취지로 지시하였다〉고도 했다. 金 국정원장의 지시를 받은 국정원 직원은, 〈2007.10.9. 11:00 문재인 의원에게 회의록 파일을 전송하였으며, 문재인 의원은 2007.10.9. 17:20 국정원 측에서 전송한 파일을 열람한 사실이 확인되었음〉이라고 검찰은 밝혔다.

보고서에 따르면, 盧 대통령 임기 말 이지원 시스템에 등록된 문서 중 '등록되어서는 안되는 문서의 처리' 등에 대하여 '기록물 이관 및 인계인수 TF 회의' 등에서 논의가 있었다고 한다. 당시 대통령 비서실에서는 등록되어서는 안되는 문서들을 삭제하기로 결정하였고, 이에 따라 다수의 대통령 기록물들이 삭제 매뉴얼에 따라 삭제된 사실이 확인되었다고 검찰은 밝혔다. 검찰은 문재인 당시 비서실장이 주재하는 수석보좌관 회의에서도 위와 같은 논의 결과 등이 보고되었다는 대통령 비서실 관계자의 진술이 있었다고도 했다.

검찰은 다만, 〈문재인 의원이 남북정상회담 준비위원장으로서 회담 의제 준비 등 관련 업무를 총괄한 사실, 회의록에 대하여 보고받는 등 회의록 생산에 관여한 사실 등은 확인되었으나, 회의록 삭제 및 봉하 이지원을 통한 회의록 유출에 관여하였다는 직접적인 증거는 발견되지 않았음〉이라고 보고서에 기재했다. 검찰은 대화록 삭제 과정에 관여한 백종천 前 청와대 통일외교안보정책실장과 조명균 前 비서관을 대통령기록물관리법 위반 등의 혐의로 불구속 기소했다. 문재인 씨에 대해선 불기소 처분을 내렸다.

또 다시 거짓말 논란에 휩싸인 문재인

검찰의 최종 수사발표 후, 문재인 씨를 비롯한 親盧 인사들의 거짓말 논란이 다시 제기되었다. 핵심은 이지원 시스템의 삭제 기능과 관련된 것이었다. 당초 이들은 '이지원 시스템에는 삭제 기능이 없어 문서 삭제가 불가능하다'는 요지로 주장해왔지만, 검찰 조사를 통해 일부 문서가 삭제된 사실이 드러났기 때문이다. 文 씨는 2013년 10월17일, "(회의록이 이지원에서 폐기됐다는 주장은) 참여정부의 문서결재시스템, 문서관리시스템을 전혀 몰라서 하는 소리예요. 이지원의 문서가 폐기된다는 것은 있을 수 없는 것입니다(발언 출처: 검찰 수사 보고서)"고 했었다.

김경수 前 비서관도 2013년 10월9일자 〈오마이뉴스〉와의 인터뷰에서 "이지원에서 문서 작성을 시작하면, 작성자는 그걸 삭제할 수 없다. 삭제 기능이 아예 없다. 그래서 이지원 안에는 모든 자료가 남아 있다"고 주장했었다. 2013년 11월6일, 문재인 씨는 검찰 조사를 마치고 나오면서 "대화록은 멀쩡하게 잘 있다"며 "참여정부가 국정원에 남겨 놓은 국가 비밀 기록을 국정원과 여당이 불법적으로 빼돌리고 내용을 왜곡해서 대통령 선거에 惡用(악용)한 것"이라고 주장했었다.

이는 국정원에 존재하고 있는 대화록 寫本(사본)을 언급한 것으로 보인다. 그러나 검찰은 "대통령기록물관리법에 따라 엄격히 관리되어야 할 대통령 기록물의 보존과 국정원의 문서 관리는 근본적으로 차원이 다르다"고 단언했다.

文, 자신의 발언에 책임 있는 태도 보였다는 기록 찾기 힘들어

남북정상회담 대화록 폐기 의혹 사건이 1년여 간 지속되는 동안 문재인 씨는, 거듭된 말바꾸기와 거짓말 논란에 휩싸였다. 文 씨의 주장은 국가기록원 발표, 검찰 조사 등을 통해 否定(부정)되었다. 文 씨는 대화록 관련 의혹이 불거질 때마다, '책임지겠다', '정계은퇴' 운운했다.

그러나 검찰 조사를 통해 의혹 중 일부가 사실로 드러났음에도 이를 지키지 않았고, 결론적으로 食言(식언)을 한 셈이 되었다. 이밖에도 文 씨는 '노무현 대통령과 참여정부는 NLL을 확실히 지켰다(2013년 11월6일)', '대화록은 있고 NLL 포기는 없었다는 거 아닙니까(2013년 10월4

일)' 등 대화록 폐기와 별도로 남북정상회담 당시 盧 대통령의 'NLL 포기 발언이 없었다'는 취지의 말을 했었다.

그러나 국정원 작성 대화록(발췌본)에 따르면, 남북정상회담 당시 김정일은 盧 대통령에게 NLL 포기를 제의(남측이 주장하는 북방한계선, 이것 사이에 있는 수역을 공동어로구역, 아니면 평화수역으로 설정하면 어떻겠는가)했고, 盧 대통령도 이에 동의(NLL이라는 것이 이상하게 생겨 가지고, 무슨 괴물처럼 함부로 못 건드리는 물건이 돼 있거든요, 나는 위원장하고 인식을 같이하고 있습니다. NLL은 바꿔야 합니다)한 것으로 나온다. 이 또한 文 씨의 주장과 상반되는 부분이다. 문재인 씨는 이 사건과 관련해 정부와 검찰을 비난하는 발언은 자주 했지만, 정작 자신의 발언에 대해 책임있는 태도를 보였다는 기록은 찾기 힘들었다. (2016년 11월4일)

3

대통령에 대한 폭언

趙甲濟

박근혜 대통령이 '극우수구 세력'이고 세월호 진상규명을 방해하고 있다는 식의 선동을
대통령이 된 뒤에도 한다면?

문재인 새정치민주연합 대표의 발언은 제1야당의 대표보다는 좌익운동
권 대표의 수준에 어울린다. 그는 2015년 12월16일 오전 국회 당대표 회
의실에서 열린 최고위원회의에 참석해 "박근혜 정권은 그냥 보수정권이
아니라 수구극우정권"이라고 했다. 文 대표는 "역사교과서 국정화를 강
행하고 세월호 참사의 진상규명조차 방해하고 있다"며 "해고를 쉽게 하
고 비정규직을 양산하는 反민생 노동악법을 밀어붙이고 있다. 야당을
외면하고 여당 대표와 국회의장을 부하처럼 다루면서 국회를 능멸하고
있다. 모두가 우리의 민주주의를 위협하는 新독재의 징후"라고 비판 아
닌 비방을 하였다. 사실과 다른 부분이 많다.

　1. '極右'가 틀렸다. '극우'는 체제를 지키기 위하여 불법과 폭력을 사용
하는 극단주의자이다. 박근혜 대통령은 불법적 폭력을 행사한 적이 없

다. 오히려 좌익들의 불법과 폭력을 막는 데 힘이 부친다.

2. '守舊'도 틀렸다. 朴 대통령은 4大 개혁을 추진하는데 이를 막는 것은 야당이다. 개혁세력을 수구세력으로 모는 잘못을 저질렀다.

3. '여당 대표와 국회의장을 부하처럼 다루면서 국회를 능멸하고 있다'도 틀렸다. 대통령이 국회의장에게 직권상정을 부탁해도 의장은 들어주지 않았다. 누가 누구의 부하인가?

4. '세월호 참사의 진상규명조차 방해하고' 운운은 허무맹랑한 선동이다. 세월호 사고와 관련하여 드러나지 않은 진실이 무엇인가? 지지자들의 반대를 무릅쓰고 수천억 원을 들여서 선체 인양까지 하도록 한 사람이 朴 대통령이었다.

한국의 외환수지와 재정, 실업률 통계 정리

趙甲濟

영국 주간지 〈이코노미스트〉 맨 마지막 페이지는 항상 42개 주요 국가의 경제통계표이다. 한국은 언제나 최우수층에 속한다. 2015년 12월 초의 상황은 이렇다.

*지난 1년간의 外換수지: 한국은 1056억 달러로서 42개국 중 4등이다. 1등은 2790억 달러의 중국, 2등은 2778억 달러의 독일, 3등은 1219억 달러의 일본이다.

*財政: 한국은 재정흑자율이 GDP의 0.2%로서 노르웨이(5.9%), 독일(0.7%)에 이어 3등이다.

*실업률: 한국은 3.1%로서 태국(0.9%)과 싱가포르(2.0%)에 이어 세 번째로 낮다. 스페인은 21.6%이다. 유로존 국가들은 평균 10.7%.

요약하면 빚을 지지 않고 나라 살림을 운영하며 국민들이 대체로 열심히 일한다는 뜻이다. 한국인의 국민 평균 IQ, 學歷(학력), 노동시간이 세계 최고층인 것의 자연스러운 결과이다.

2015년 12월19일 국제 신용평가 회사인 무디스가 한국 국가 신용 등급을 Aa2로 한 단계 올렸다. 한국이 지금까지 받은 역사상 最高 등급이다. 그해 주요 선진국 중 등급이 오른 유일한 경우였다. 신용 등급 상승은 국제 금융시장에서 對外信認度(대외신인도)를 높여 외국 투자자의 이탈을 막아준다.

무디스가 신용 등급을 올려준 가장 중요한 이유는 朴槿惠 정부의 구조 개혁이었다. 무디스는 '과거 한국이 구조 개혁으로 외환 위기를 극복한 경험에 비춰 보면 한국 정부가 추진 중인 노동·공공·교육·금융 개혁도 성공할 것'이라고 평가했다. 이는 이른바 4大 개혁에 반대해온 새정치민주연합에 대한 규탄이기도 하였다.

문재인 대표는 합리적 代案(대안)도 없이, 국제적으로 평가받는 朴 대통령의 개혁을 방해한 사람이다. 文 대표는 박근혜 정부를 '極右(극우)수구'라고 비판했는데 같은 論法(논법)이면 자신은 反개혁적 極左守舊(극좌수구) 세력이 된다. (2015년 12월24일)

2012년 문재인 대통령 후보의 문제 발언 정리

趙甲濟

문재인 후보의 발언은 한국의 현 체제에 대한 증오심을 깔고 국민들을 분열시키는 선동 일색이다. 청년이 취직하기란 '하늘에 별따기'란 식의 과장법을 예사로 쓴다.

사례 (1) 대통령 후보 출마 선언문의 일부

〈저는 대통령이 되겠습니다. 우리나라 대통령이 되겠습니다. 소수 특권층의 나라가 아니라 보통사람들이 주인인 '우리나라', 네 편 내 편 편가르지 않고 함께 가는 우리나라, '우리'라는 말이 조금도 부끄럽지 않은, 진정한 '우리나라'의 대통령이 되겠습니다.〉

— '대한민국의 대통령'이라고 해야 할 때 '우리나라의 대통령'이라고 한다. 그의 우리나라는 '100% 국민'의 나라가 아니고 이른바 특권층과 1%를 배제한 '일부 국민'의 나라이다. 전형적인 좌파적 국가관이고 계급독재적 시각을 깔고 있다.

사례 (2) 대통령 후보 수락 연설문의 일부

〈이제 저는 두 분 대통령의 헌신과 희생을 딛고 새로운 민주정부시대를 열겠습니다. '공평하고 정의로운 세상', 그리고 '사람이 먼저인 세상'을 여는 새 시대의 맏형이 될 것입니다.〉

— 이승만, 박정희, 국군, 유엔군, 건국-건설세대의 勞苦(노고)를 무시하고, 김대중, 노무현만 섬기는 이가 '새 시대의 맏형'이 되겠다고? 舊 시대의 막내 자격도 없는 이가?

사례(3) 文在寅 씨는 한 방송 연설에서 이렇게 말하였다.

〈젊은이들은 학교를 마쳐도 취직이 하늘에서 별 따기입니다. '학교 졸업 후 첫 직업이 실업'이라는 말까지 생겼습니다. 저임금의 임시 일자리만 늘어났고, 좋은 일자리는 오히려 많이 줄었습니다.〉

— 당시 교과부 통계에 따르면 전해 8월과 그해 2월 대학졸업자(전문대, 대학원 포함) 56만6374명 가운데 59.5%인 29만6736명이 취직하였다. 이는 전해보다도 0.9% 포인트가 높아진 수치였다. 정부와 기업 등이 대졸자용 좋은 직장을 한 해에 30만 개나 만들었다는 것은 박수를 보내야 할 일이다. 그런데 文 씨는 '좋은 일자리는 많이 줄었다'고 왜곡하고, 학교를 마쳐도 취직하기가 '하늘에서 별따기' '첫 직업이 실업'이라고 악담性 선동을 하였다. '하늘에서 별따기'는 불가능하다. 0%이다. 文 후보는 59.5%를 0%라고 우긴 셈이다. 이런 수학 실력을 갖고서 어떻게 경남고등학교와 대학교를 다녔는지 이해를 할 수가 없다. 그는 또 이렇게 연설하였다.

〈60대 아버지들은 할 일이 없습니다. 몸도 청춘, 마음도 청춘인데, 일하고 싶어도 일할 데가 없습니다.〉

– 전해 통계청 조사에 따르면 한국의 65세 이상 高齡者(고령자)의 경제활동 참가율은 29.4%로 앞선 해(30.1%)에 비해 다소 감소하였으나, OECD 국가 중에서는 아이슬란드(36.2%)에 이어 두 번째로 높은 수준이었다. 젊은이들이 기피하는 일자리를 고령자들이 메우기 때문일 것이다. '60대 아버지들은 할 일이 없습니다'는 감상적 선동이다. 세계에서 가장 할 일이 많은 한국의 60대층을 모독하는 발언이다.

〈청년 열 명 가운데 여섯 명이 일자리를 구하지 못하게 됐습니다.〉

– 이것도 엄청난 왜곡이다. 거의 날조 수준이다. 열 명중 여섯 명이 일자리를 구하지 못하였다면 실업률이 60%라는 뜻인데, 2011년 청년(15~29세) 실업률은 7.6%이었다. 취업률은 92.4%인데 고용률은 40.5%이었다. 취업률은 취업의사가 있는 사람들 중 취업자 비중이고, 고용률은 취업의사와 관계없이 해당 전체 연령층 중 취업자 비중을 가리킨다. 文 후보의 연설문맥으로 보아 취업률을 가리키는 것으로 해석된다. 그렇다면 열 명 가운데 여섯 명이 일자리를 구하지 못한 게 아니라, 열 명 가운데 아홉 명이 일자리를 구한 것이다.

문재인의 正體

지은이 | 趙甲濟 외
펴낸이 | 趙甲濟
펴낸곳 | 조갑제닷컴
초판 1쇄 | 2017년 4월10일

주소 | 서울 종로구 새문안로3길 36, 1423호
전화 | 02-722-9411~3
팩스 | 02-722-9414
이메일 | webmaster@chogabje.com
홈페이지 | chogabje.com

등록번호 | 2005년 12월2일(제300-2005-202호)
ISBN 979-11-85701-50-9-03340

값 10,000원